탈북의 역사

지상낙원 북한을 탈출하다

탈북의 역사

지상낙원 북한을 탈출하다

초판 1쇄 발행 2023년 3월 31일

지은이 | 김석향

펴낸이 | 윤관백

펴낸곳 | 선인

등 록 | 제5-77호(1998.11.4)

주 소 | 서울시 양천구 남부순환로 48길 1(신월동 163-1) 1층

전 화 | 02)718-6252/6257

팩 스 | 02)718-6253

이메일 | sunin72@chol.com

정가 9,000원

ISBN 979-11-6068-721-7 93300

탈북의 역사

지상낙원 북한을 탈출하다

김석향 지음

선인

목 차

제1부

탈북 현상을 역사로 기록할 수 있을까? … 11

1. 탈북자, 탈북민, 북한이탈주민 ──────────── 22
   1) 탈북자와 탈북민 ──────────────── 22
   2) 탈북민과 북한이탈주민 ─────────── 25

2. 자료의 수집과 활용 ─────────────── 27
   1) 자료 수집 방법과 활용 방안 ─────── 28
      (1) 미리 축적해 놓은 경험 자산 ────── 28
      (2) 자료 수집과 활용 ────────────── 36
      (3) 면담 대상자의 익명성 보장 ──────── 41
   2) 질적 연구와 자료의 객관성 ───────── 43
      (1) 질적 연구 방법의 장점 ──────────── 43
      (2) 자료의 객관성 확보 ──────────── 47

3. 기획 의도와 구성 ─────────────── 54
   1) 기획 의도 ──────────────────── 54
      (1) 탈북 여정의 역사 기록 만들기 ────── 55
      (2) 탈북민의 집단성과 개별성 ──────── 58
   2) 구성 순서 ──────────────────── 62

제2부

탈북 현상에도 시대적 흐름이 나타날까? ... 67

1. 시대별 탈북민 규모의 변화 67

2. 성별 탈북 현상의 특징과 그 영향 73
   1) 남성 탈북민이 많았던 시절 75
   2) 여성 탈북민이 많은 시절 77

3. 탈북의 유형화 82
   1) 생계형 탈북 83
   2) 연고형 탈북 90
   3) 질병 치유형 탈북 95
   4) 유학형 탈북 100
   5) 도피형 탈북 103
   6) 실수형 탈북 108
   7) 납치형 탈북 109
   8) 투사형 탈북 111
   9) 기획형 탈북 112
   10) 기타 유형의 탈북 116

4. 탈북 경로의 변화 116
   1) 소수의 사람이 선택했던 탈북 경로 118
     (1) 판문점과 군사분계선 118
     (2) 해상 탈북 121
     (3) 해외 탈북 124

2) 다수의 사람이 선택했던 탈북 경로 ──────── 126

(1) 중국-몽골 경로 ──────────────── 127

(2) 중국-동남아시아-태국 경로 ─────────── 128

제3부

"지상낙원" 탈출 이후, 이들은 행복했을까? ... 135

1. 안전해졌을 때 나타나는 심리적 증상 ──────── 140

1) 안도감 이후에 찾아오는 죄책감 ────────── 140

2) 배신자와 변절자라는 내면의 아우성 ──────── 142

3) 갈 수 없어 더 절실한 그리움 ────────── 144

4) 새삼 인생이 억울해지는 박탈감 ────────── 145

5) 2등시민에 머무를 것 같은 무력감 ──────── 147

6) 어디 소속인지 혼란스러운 정체성 ──────── 148

2. 탈남과 재입북 ───────────────── 149

3. 그래도 탈북은 정말 잘했다는 결론의 의미 ─────── 152

제4부

탈북을 우리의 역사로 만들면 어떨까? ... 157

참고문헌 164

【표 목차】

1) 연도별 북한이탈주민 국내 입국 현황 ································ 68

2) 연도별 여성 탈북민의 국내 입국 현황 ···························· 74

【사진 목차】

1) 북중 국경지역 비법월경 금지 표지판 ·························· 136

제1부

탈북 현상을 역사로
기록할 수 있을까?

2021년 12월을 기준으로 할 때 대한민국 국민으로 "다시 태어난" 탈북민의 규모는 33,816명 수준에 이른다.[1] 34,000명 가까운 규모인 만큼 오늘날 국내 거주 탈북민의 숫자가 마냥 적다고 할 수는 없을 것 같다.

게다가 지난 20년 이상 국내 거주 탈북민의 규모가 꾸준히 늘어난 것도 분명한 사실이다. 국내 거주 탈북민이 6,000명-7,000명 수준에 머무르던 무렵에는 관련 단체를 중심으로 이들의 규모가 10,000명을 달성하면 분명히 그 위상이 달라지고 목소리도 커질 것이라는 의견이 나왔다는 점을 감안하면 34,000명 가까운 숫자의 위력을 어느 정도 짐작할 수 있을 것 같다.

그렇지만 5,000만 명을 상회하는 대한민국 국민의 관점에서 볼 때 국내에 거주하는 탈북민 규모가 34,000명 정도에 이르렀다

---

1 "대한민국 국민으로 다시 태어났다" 하는 표현은 심층면담 대상으로 만났던 탈북민을 통해서 자주 들을 수 있었다. 예를 들어 이들은 자신이 탈북해서 대한민국에 살기 시작한 것이 10년 전 일이었으니 이제 막 열 살이 되었다 하는 방식으로 표현하는 일이 많았다.

고 해도 그 사실이 각자 자신이 원한다면 언제라도 이들과 교류할 수 있다는 것을 의미하지는 않는다. 다시 말해서 대한민국에 살며 탈북민을 이웃이나 친구로 만나 가깝게 교류한 기회를 누리는 사람은 여전히 극소수에 불과한 실정이라는 뜻이다. 아직도 대다수 한국인의 관점에서 볼 때 탈북민은 직접 만나 본 일이 없고 한 번도 눈 맞추고 이야기를 나누어 본 일도 없는 상상 속 인물로 남아 있다는 것을 의미하기도 한다.

자연히 평범한 한국인에게 탈북민이란 낯설고 간혹 신비하게 느껴지기도 하지만 이들과 직접 만날 기회는 많지 않고 일상생활을 공유한 경험도 별로 없는 존재로 남을 수밖에 없는 실정이다. 이런 상황에서 널리 알려진 대중매체는 물론이고 다양한 유형의 개인매체까지 등장하여 탈북민 관련 이미지를 한층 자극적으로 묘사함으로써 일반대중의 심리적인 거리감을 더 벌어지게 만드는 작업에 골몰하고 있는 것이 오늘날의 안타까운 현실이다.

1997년 6월 통일부 국립통일교육원[2] 교수로 임용이 될 때까지 나에게도 역시 탈북민은 낯선 존재였을 뿐이다. 그런데 국립통일

---

2 통일부 국립통일교육원은 통일부 소속 기관으로서 통일교육지원법에 근거하여 우리 국민의 통일교육을 담당하고 각급 학교와 공공 및 사회교육 기관의 통일교육을 지원하는 업무를 담당한다. 1972년 통일연수소로 출발한 이후 통일연수원과 통일교육원을 거쳐 오늘날 국립통일교육원으로 그 명칭을 변경해 왔다.

교육원 교수가 된 이후로 탈북민은 내 삶의 일부로 자리를 잡았다. 탈북민이 발표자로 초청을 받아 교육과정에 들어갈 때 사회자로 참여하는 일이 일주일에 몇 차례 이어지다 보니 자연스럽게 이들의 경험담을 듣고 궁금한 점을 질문하기도 하면서 서로 살아온 과정을 공유하는 일이 많아졌다.

1997년 당시에는 일반적으로 하나원이라고 부르는 북한이탈주민정착지원사무소가 아직 문을 열기도 전이었다.[3] 생각해 보면 그 무렵에는 아직 북한주민이 탈북을 시도하는 현상 자체가 그다지 빈번하게 발생하지는 않았던 시절이기도 했다.[4] 당연히 국내는 물론이고 국외에서도 탈북민과 일상적으로 만나는 경험을 하는 사람의 숫자 자체가 적을 수밖에 없었다. 1997년 당시에는 국내에 입국한 탈북민 규모가 총 877명에 불과했다.[5] 그리고 1997년 한 해 동안 국내에 입국한 탈북민은 86명 수준으로 전체 규모의 10% 수준을 기록하면서 그 이후로 해마다 늘어날 것

3 통일부 북한이탈주민정착지원사무소인 하나원은 1999년 7월에 경기도 안성에 처음 개소하였다. 2022년 현재, 통일부는 경기도 안성시 소재 제1하나원과 강원도 화천군 소재 제2하나원을 운영하고 있다.

4 북한사회 내부에서 탈북 현상이 일종의 사회적인 흐름으로 등장하기 시작한 시점은 1990년대 중반 이른바 "고난의 행군" 이후의 일이었다. 그 이전에도 아주 예외적으로 탈북을 하는 사람이 드물게 나타나기는 했지만 평범한 북한주민은 감히 탈북을 시도할 엄두도 내지 못했다는 것이 심층면담 대상자들 경험담이었다.

5 통일부〉주요사업〉북한이탈주민정책〉현황〉최근 현황, https://www.unikorea.go.kr.

을 예고해 주었다.[6] 이런 숫자로 알 수 있듯이 그 무렵의 나는 우리 사회의 구성원으로서 아주 드물게 탈북민을 일상적으로 만나서 이들이 겪어 온 삶의 여정을 주제로 마음껏 내화를 나누는 혜택을 향유하고 있었던 것이다.

아직도 당시에 만났던 탈북민 몇 분이 울고 웃으며 자신이 어떤 과정을 거쳐 북한을 탈출했는지 들려준 순간을 기억한다. 그리고 이들의 이야기를 들을 때마다 내 마음이 얼마나 강렬하게 흔들렸는지 생생한 기억으로 남아 있다. 그렇게 "탈북에 성공한" 경험담을 들을 때마다[7] 나는 그 순간에도 스스로 어떤 일을 하고 싶어 하는 것인지 정확하게 묘사하거나 인식하지도 못하면서 시간이 흘러가기 전에 서둘러 이들의 이야기를 역사적인 의미를 부여할 수 있는 기록으로 남겨야 한다는 절박함에 시달리곤 했다. 그렇지만 생활인으로서 최소한의 성실함을 유지하는 일에 집중하느라 직접 만나서 대화를 나누었던 탈북민 몇 사람이 들려주는 이야기를 어떻게 역사적 의미를 지닌 기록으로 남길 수 있는가 하는 의문은 항상 뒷전으로 미루어 놓게 되었다.

------

6 통일부〉주요사업〉북한이탈주민정책〉현황〉최근 현황, https://www.unikorea.go.kr.

7 "탈북에 성공했다" 하는 표현도 심층면담에 참여해 준 탈북민을 통해서 자주 들을 수 있었다. 처음에는 무심결에 듣고 넘어갔던 표현인데 시간이 지나면서 점차 이들은 왜 탈북을 성공한 일이라고 규정하는지 그 배경을 분석해 보고 싶은 욕구가 생겼다.

돌아보면 그 시절까지 나는 이산가족 2세대의 일원이면서도 아버지 고향에 여전히 수많은 사람이 살고 있으며 그 삶의 현장이 처절할 정도로 힘들고 버겁다는 현실에 못내 눈길을 두지 않은 채 참으로 무심한 상태로 시간이 그저 흘러가도록 내버려 두고 있었던 것 같다.[8] 그런데 탈북민을 만나 이들이 들려주는 삶의 여정에 귀를 기울이다 보면 어느 순간부터 말하는 사람의 위치에서 이런저런 생각에 몰입하는 자신을 발견하고 흠칫 놀라는 일도 많았다. 그러다가 만약 내가 똑같은 상황을 겪어야 한다면 결정적인 순간에 어떤 선택을 했을 것인지 스스로 묻고 대답하는 자신의 모습이 조금도 낯설지 않게 느껴지는 일도 경험하면서 어딘가 운명적으로 이들과 이어져 있는 것은 아닌가 하는 생각에 빠져들기도 했다.

혹시라도 평안북도 철산군 참면에 살던 내 아버지가 한참 전쟁 중이던 1951년 1월 4일 무렵, 후퇴하는 국군과 연합군을 따라서 남쪽으로 내려오는 대신 경상북도 대구시에 거주하던 어머니가 북쪽으로 올라가 두 분이 결혼하셨다면 첫 아이로 태어났을

---

8 젊은 날 이런 경험을 했기 때문에 나는 "요즘 젊은이들, 통일-북한 문제에 무관심해서" 큰 일이라고 개탄하거나 비판하는 논리에 쉽사리 동조할 수 없다. 젊은 세대를 비판하거나 요즘 세태를 개탄하기 전에 이들이 통일과 북한 문제와 관련하여 자신의 의견을 마음껏 드러내고 스스로 갈 길을 찾아나갈 기회를 충분히 제공해 주는 일이 우선이라고 생각할 따름이다.

내 인생은 어떻게 달라졌을까? 최근에 들어와 학생들과 이야기를 나누다가 농담처럼 만약 내가 북한에서 태어났으면 누구보다 충실히 "당의 일꾼" 역할은 했을 것 같지는 않은지 질문하는 일이 많아졌던 이유도 바로 이런 생각의 결과물이라 하겠다. 이산가족 2세대로서 내 경우에는 충분히 상황을 이렇게 가정해서 생각해 볼 수 있는 문제가 아닌가 싶다.

문제는 일단 이런 방식으로 생각의 소용돌이가 자리를 잡고 나면 심층면담에 참여하는 탈북민이 들려주는 이야기를 그냥 무심코 흘려보낼 수 없다는 충동에 사로잡히게 된다는 점이었다. 심지어 이단계에서 한 걸음 더 나아가 지금까지 탈북민이 겪어 온 삶의 궤적을 역사적 자료로 기록해야 한다는 조급함에 사로잡히면 안절부절어찌할 바 모르는 채 시간을 보내는 일이 이어지기도 했다.

지금까지 이들이 겪어 온 탈북의 여정을 역사 기록으로 남길 수 있을까? 누가 이들의 탈북 여정을 기록해 줄 것인가? 또 이런 기록을 역사로 남기는 것이 충분히 의미가 있는 일이라고 공감할 사람은 얼마나 될까? 탈북민 몇 사람의 이야기를 기록한 문서를 우리 모두의 역사적 자료로 받아들여야 한다는 주장에 공감하는 사람은 몇 명이나 될 것인가?

이 책은 "북한을 탈출하는 사람들의 여정을 우리가 모두 공유하는 공동체의 역사로 기록할 수 있는가" 하는 질문에서 출발한다. 오늘날 북한에 사는 사람으로서 탈북을 꿈꾸거나 실제로 시도하는 주민 중에 젊은 지도자 김정은과 그 주변에서 권력을 향유하는 집단이 얼마나 철저하게 탈북 현상을 막으려 하는지 모르는 사람은 단 한 명도 없을 것이다. 이 말은 곧 탈북의 길에 들어선다는 것이 그만큼 위험을 무릅쓰는 일이라는 의미가 된다.

북한당국은 이른바 "위대한 지도자 품에서 누구나 세상의 부러움 없이 살아가는 지상낙원" 지역을 벗어나 탈출하려는 사람을 향하여 "배신자, 변절자" 같은 용어를 동원하여 원색적인 비난을 퍼붓는다. 한 걸음 더 나아가 탈북을 막으려고 북한과 중국 사이 경계선을 따라서 높은 철책을 쌓아 올리는가 하면 짐승을 포획할 때 쓰는 도구까지 사용해서 "사람을 잡는" 함정까지 파놓기도 한다.[9] 또 남북한 사이의 군사분계선에서는 철책을 따라 고압전류를 흘려보내고[10] 대인지뢰를 새로 매설하기도 한다. 심지어 경계

---

9 권오혁·김호경·주성하 (2015) 「토요판 커버스토리: 철조망에 갇힌 보름달」, 『동아일보』 2015년 9월 26일자.

10 북한의 전기부족 현상은 이미 널리 알려진 사실이다. 그런데 이렇게 전기가 부족한 상황에서도 북한당국은 탈북을 막으려는 목적으로 고압전류를 흘려보내는 행위를 자행하고 있는 것이다. 물론 전기를 항상 흘려보낼 정도로 풍족한 상황은 아니라 중단하는 시간도 있는데 그 틈새를 이용하여 군사분계선을 지키는 북한 군인이 탈북하는 현상도 나타나는 실정이다.

선을 지키는 북한 군인이 상부의 지시를 따라서 목숨을 걸고 탈출하는 사람을 직접 겨냥해 총탄을 퍼붓는 일이[11] 간혹 발생하기도 한다. 이렇게 위험한 상황이 계속 이어지는 속에서도 목숨을 걸고 탈북하겠다고 험난한 여정으로 나서는 사람도 있고 자신의 선택인지 명확하지 않지만 다양한 양상으로 소위 "지상낙원" 북한을 벗어나려고 길을 떠나는 사람들의 행렬이 끊이지 않는다.

우리 사회에서는 북한주민이야말로 "답답할 정도로" 체제 순응적인 심성을 지니고 있다고 믿는 신화가 분명히 존재하는 것 같다. 아마도 그 여파로 나타나는 결과인 것 같은데 탈북민을 만났을 때 "도대체 왜 북한에서는 시위가 일어나지 않는지, 북한주민은 그렇게 부당한 일을 겪으면서도 왜 꾹꾹 눌러 참기만 하는지, 제대로 저항도 하지 않는 이유는 무엇인지" 질문하는 사람이 많은 것도 부인할 수 없는 사실이다.[12] 북한당국도 나서서 이른바

---

11 2017년 11월 13일, 북한군 소속 오청성이라는 청년이 군용차를 몰고 판문점 공동경비구역 JSA 내부로 진입하여 탈북하려 하다가 5발의 총상을 입고 군사분계선에서 50미터 정도 떨어진 곳에서 쓰러졌다가 구조를 받은 뒤 장시간에 걸친 수술로 목숨을 건졌던 사건이 발생했다.

12 심층면담 대상자 중에서 몇몇 사람은 이런 평가를 들을 때마다 매우 억울하다는 심경을 토로하면서 실제로 북한 곳곳에서 체제에 저항하는 사건이 일어나기도 했다고 주장하였다. 이들은 소위 황해도 송림의 황해제철소 사건이나 함경북도에서 6군단 사건이 벌어졌을 때 북한당국이 관련자를 어떻게 처단했는지 들려주었다. 북한 내부에서 체제 순응적 태도로 살아가지 않으면 당사자 한 사람만 죽는 것이 아니라 "그야말로 3대가 멸족을 당하는 상황인데 여기 사람들은 실정을 전혀 모르면서" 그런 말을 함부로 한다는 것이 이들의 항변이었다. 이들의 주장은 북한

"좋은 인민·위대한 인민" 같은 칭호를 부여함으로써 주민들의 체제 순응적 특성을 자랑스럽게 내세우고 있다. 바로 그 순응적으로 보이는 북한주민이 과감하거나 조심스럽게 "지상낙원" 탈출을 감행하고 있는 상황에 주목해 볼 필요는 없는 것일까? "좋은 인민·위대한 인민" 같은 호칭 아래 일생동안 순응하며 살아가려 애쓰던 북한주민이 탈북이 얼마나 위험한 여정인지 분명히 알면서 분연히 떨쳐 일어나 그 땅을 떠나려 하는 이유가 무엇인지 의문을 품는 것은[13] 같은 시대를 살아가는 우리가 마땅히 해야 할 일이 아닌가 싶다.

도대체 탈북 행렬이 이렇게 집요할 정도로 끈질기게 이어지는[14] 이유는 무엇인가? 탈북을 결심했을 때 이들은 두렵지 않았을까?

에서 살아가려면 어떤 상황에서도 "겉으로 순응하는 척이라도 해야" 목숨을 부지할 수 있는데 그런 사정을 이해하려 하지 않은 채 그 체제에서 하루하루 살아가는 사람들을 비난하는 현실이 억울하다는 것이었다.

13 10년 전 일이지만 당시 50대 중반이었던 남성을 심층면담 대상자로 만났을 때 그 사람이 탈북하는 순간, 브로커가 독촉을 하는데도 발길을 멈추고 내심 이런 말을 했노라고 들려주었던 내용이 아직도 선명하게 떠오른다: "내가 그렇게까지 최선을 다해서 그 땅에서 살아보려 했는데… 토대가 나쁘다고 내가 발전하는 길은 다 막아도 탈북해서 배신자가 되는 길은 가지 않으려고 갖은 노력을 다했는데… 내가 탈북하는 것은 너희가 날 밀어내서 할 수 없이 떠난다." 당시 이런 심경을 토로하던 남성의 표정은 그 이후에도 아주 오랫동안 뇌리에 남았다.

14 2022년 현재 시점을 기준으로 할 때 이미 탈북 현상은 사라지고 있다는 의견도 나온다. 이시마루 지로 (2022), 「[특집] 북한 탈출: 그 발생과 현상(1) 김정은에 의한 소탕전으로 사라지는 탈북자」, 『아시아프레스』 2022년 7월 29일.

북한 지역을 벗어나기만 하면 자신의 앞날이 찬란하게 빛날 것이라는 확신에 차서 탈북한 사람은 얼마나 될까? 탈북을 계획하고 실천에 옮길 때 이들이 가상 중요하게 생각했던 요인은 무엇이었을까?

혹시라도 실수로 탈북한 사람은 없을까? 실수는 아니라도 전혀 준비할 틈도 없이 어느 날 갑자기 탈북의 길로 나서야 했던 사람은 몇 명이나 될까? 정말 자신도 모르는 사이에 부모와 친척 어른들, 친구와 이웃 사람들 계획에 휘말려 살던 지역을 떠나 국경을 넘은 사람은 몇 명이나 될 것인가? 탈북을 한 것이 아니라 탈북을 하게 되어 버린 사람은 없었을까?

무섭고 두려운 탈북 여정에서 따뜻한 음식 한 그릇과 강물에 젖은 옷을 갈아입을 여벌 옷 한 벌, 밤이슬을 피하도록 처마 밑이나 헛간 비슷한 장소라도 제공해 준 "선한 사마리아 사람" 같은 이웃은 있었을까? 그 어려운 여정을 더 힘들게 만들었던 사람은 얼마나 많았던 것일까? 두만강을 넘어 중국에 들어서는 길로[15] 자신을 팔아버린 "원쑤놈의" 행태를 원망하는 여성들이 억울하다고

---

15 한때 두만강을 넘어 탈북하는 사람이 얼마나 많은지 강 이름을 "도망강" 같은 별칭으로 바꿔 불렀다는 이야기도 심층면담 대상자를 통해 많이 들었다.

외칠 때[16] 그 울부짖는 소리에 누가 귀를 기울여 들어주기는 했을까? 이웃이나 친구라고 생각했던 사람의 밀고로 중국 공안에 잡혀가서 결국 북송을 당하고 말았던 일은 또 얼마나 자주 겪어야 했던 것일까?

무엇보다 가장 중요한 질문은 탈북민이 지극히 개인적 사유로 북한을 탈출하는 길을 선택했거나 자신도 모르는 사이에 이미 그 여정에 합류한 상황에서 그 아프고 괴로운 경험담을 우리 모두 함께 공유해야 할 공동체의 역사적인 자료로 기록하는 것이 정말 가능하고 필요한 일인가 하는 점이다. 이들의 이야기를 기록으로 남기는 것은 가치가 있는 일인가? 필요하고 가치가 있는 일이라고 해도 이들의 여정을 객관적인 자료와 사실에 근거하여 기록하는 것이 정말 가능한 일인가?

---

16 북한주민이라면 누구나 일상생활에서 원수와 원쑤라는 단어를 엄격하게 구분해서 사용해야 한다. 아무리 어린아이라도 이 규칙을 엄격하게 지키지 않으면 실제로 3대가 멸족하는 처벌을 받게 되기 때문이다. 원수는 오로지 김일성-김정일-김정은으로 이어지는 이른바 최고지도자를 높여 부르는 극존칭으로 "경애하는 원수님" 같은 높임말로 사용해야 하는 반면 원쑤는 "한 하늘을 이고 살 수 없는 원쑤놈" 같은 방식으로 "미국놈이나 남조선 괴뢰도당" 등을 나타낼 때 쓰는 표현으로 굳어져 있다. 이런 방식의 언어 사용 관행은 북한주민으로 태어난 사람이라면 누구나 요람에서 무덤까지 일상생활에서 반드시 지켜야 하는 규칙이다. 그런 의미에서 중국에서 자신을 팔아넘긴 사람을 저주하면서 원쑤라고 표현한 여성은 스스로 생각할 수 있는 범위 내에서 최악의 욕설을 한 것으로 해석해야 한다고 생각한다.

이제부터 이 책에서 서술할 내용을 통해서 앞에서 제시했던 다양한 질문에 어떤 답을 내놓을 수 있을지 독자들과 함께 생각해 보고자 한다. 이 부분에서는 먼저 책의 내용을 전개하기 전에 꼭 필요한 용어 몇 개와 관련 논쟁을 개략적으로 소개하는 순서부터 가질 예정이다. 이어서 이 책의 내용 전개를 뒷받침해 줄 자료는 어떤 과정을 거쳐 수집했는지, 또 그 자료는 심층면담 대상자로 참여하여 자신이 지나온 과정을 상세하게 설명해 준 탈북민 개인의 신원을 특정하지 않으면서도 어떻게 활용하고 있는지, 관련 방안을 간략하게 서술하고자 한다. 그 이후에 마지막 순서로 이 책의 기획 의도와 구성 순서를 제시함으로써 제1부 내용을 마무리할 예정이다.

1. 탈북자, 탈북민, 북한이탈주민

1) 탈북자와 탈북민

탈북이란 개념을 글자 그대로 해석하면 북한을 탈출하는 행위를 의미한다. 그런 의미에서 탈북한 사람을 가리켜 탈북자라는 호칭으로 부르는 것은 지극히 자연스러운 귀결이라고 생각한다. 그렇지만 오늘날 한국 사회에서 탈북한 사람을 지칭하고자 할 때 탈북자라는 호칭을 사용한다면 그다지 환영을 받지 못하는 현상을 경험하게 될 것이다. 아예 그 차원을 넘어 강한 거부감에 직면하는 경험을 할 가능성도 농후한 실정이다.

사실 정확하게 어떤 과정을 거쳐 이런 결과가 나왔는지 설명하는 것은 이 책의 범위를 넘어서는 일이라고 생각한다. 따라서 이 책에서 굳이 세밀한 내용까지 다루지는 않을 예정이다. 그렇지만 지금까지 알려진 내용을 간략하게 요약하면 탈북자라는 호칭에 나오는 者, 놈 자라는 글자 때문이라고 해석하는 것이 일반적 결론으로 알려져 있다. 결국 이 글자가 한자어로 놈이라는 의미를 지닌다는 사실이 감정적인 문제로 작용한다고 주장하는 의견이 지배적인 것으로 나타난다는 뜻이다. 탈북한 사람들 역시 누군가 자신을 가리켜 탈북자로 부르면 마치 "탈북한 놈으로" 비하하는 느낌이 들기 때문에 이 호칭을 거부하게 되는 것이라고 설명하는 사람이 많았다.

실제로 거부감이 드는 탈북자라는 호칭을 대신하여 새터민을 비롯하여[17] 북향민, 이향민, 자유민, 자유북한인 등 다른 용어를 사용하자고 주장하는 흐름은 꾸준히 이어지고 있다.[18] 그렇지만 이

───

17 새터민이라는 호칭은 사실상 통일부 주도로 만들어 낸 별칭이라는 점에서 다른 용어와 구별이 되는 성격을 지닌다. 당시 탈북한 사람들 상당수가 탈북자라는 호칭에 거부감을 느낀다는 사실을 인식한 통일부에서 PC통신 시절 공개적인 토론마당을 활용하여 새로운 용어를 공모하였고 그 결과 새로운 터전에 자리를 잡은 사람이라는 의미의 새터민을 채택하였다. 그렇지만 새터민이라는 용어도 역시 큰 호응을 얻지는 못하였다. 오히려 일부 탈북민 단체를 중심으로 "우리가 새터민이면 너희는 헌터민이냐" 하는 반발이 일어나기도 했다.

18 이런 의견을 비판하는 목소리가 많은 것 역시 부인할 수 없는 사실이다. 특정 집단을 나타내는 호칭은 그 고유의 속성이 명확하게 나타나야 하

런 흐름이 제대로 동력을 얻은 사례는 찾아볼 수 없는 실정이다. 다만 탈북자라는 호칭에 나오는 者, 놈 자라는 글자를 대신하여 民, 백성 민이라는 글자를 사용해서 탈북민이라고 부르면 거부 감이 줄어들 것 같다는 의견이 비교적 호응도가 높은 편이라고 생각한다.

개인적으로 나는 탈북자라는 호칭 자체가 탈북한 사람을 향해 놈이라는 의미를 표현하려 한다거나 비하하는 뜻을 내포하고 있 다는 의견에 조금도 동의하지 않는다. 이 책의 앞부분에서 발표 자와 토론자라는 용어를 사용했는데 누구도 이 단어를 보면서 발표하는 놈, 사회 보는 놈이라는 의미로 그 사람을 비하하는 논 리가 숨어 있다고 생각하지 않았을 것이라고 믿는다. 똑같은 논 리를 적용한다면 탈북자라는 용어가 곧 탈북한 사람을 비하한다 는 말에 동의할 수 없는 일이다. 개인적인 생각이지만 탈북자라 는 호칭이 탈북한 사람을 비웃거나 사회적으로 낮추어 볼 때 쓰 는 말이라는 주장도 대중의 호응을 얻을 수 있는 것은 아니라고 생각한다.

그렇지만 또 한편으로는 탈북한 사람 스스로 자신이 원하는 호칭 을 선택할 권리를 보장해 주어야 한다는 의견에 100% 동의한다.

는데 그런 점에서 북향민이나 이향민, 자유민, 자유북한인이라는 용어 는 적합하지 않다는 것이 이들의 의견이다.

누구나 그런 것처럼 탈북한 사람들 역시 자신을 부르는 호칭을 스스로 결정할 권리가 있으며 그 의견은 충분히 존중해 주어야 마땅하다고 생각한다.[19] 그런 의미에서 이 책에서는 탈북한 사람을 지칭할 때 탈북자 대신 탈북민이라는 호칭을 사용할 예정이다. 그러나 사회적으로 폭넓게 사용하는 탈북자와 탈북민을 대신할 호칭으로 지금까지 등장했던 다양한 개념을 사용하자는 의견에는 아직도 완벽하게 동의하기 어려운 상태라는 점을 밝혀 두고자 한다.

2) 탈북민과 북한이탈주민

탈북민과 북한이탈주민이라는 용어는 둘 다 북한을 탈출한 사람을 나타낸다는 점에서 공통성을 지니고 있다. 그런데 북한이탈주민은 관련 법률에 등장하는 공식적인 개념인 반면 탈북민은 축약어로서 일상적으로 사용하는 용어라는 점에서 차이를 지닌다고 하겠다. 이런 내용에 기반을 두고 앞으로 이 책에서 탈

---

19 다만 해당 호칭이 마땅히 수행해야 하는 사회적 기능에 지장을 초래하는 경우에는 무조건 이들의 의견을 존중하는 방향으로 결론을 내릴 수 없을 것이라고 생각한다. 바로 이런 점 때문에 앞서 소개한 이향민이나 북향민, 자유민 같은 호칭을 널리 사용할 수 없다고 생각한다. 고향을 떠난 사람이라는 의미의 이향민이나 북한 지역에 고향을 둔 사람이라는 의미를 지닌 북향민, 자유를 추구하는 사람이나 자유를 누리는 사람이라는 의미의 자유민이라는 호칭은 사실상 탈북민보다 훨씬 더 넓은 범주의 집단을 나타내는 개념이기 때문이다.

북한 사람을 가리킬 때 주로 탈북민이라는 용어를 사용하되 꼭 필요한 경우에 예외적으로 북한이탈주민이라는 호칭을 병행해서 환용하고자 한다.

북한이탈주민이라는 용어는 약칭 북한이탈주민법으로 부르는 법률 제18596호 [북한이탈주민의 보호 및 정착지원에 관한 법률]에 등장한다. 이 법률 제2조 1항을 보면 북한이탈주민이라는 개념이 "군사분계선 이북 지역에 주소, 직계가족, 배우자, 직장 등을 두고" 있으면서 "북한을 벗어난 후 외국 국적을 취득하지 아니한" 사람을 말한다고 명백하게 제시해 놓았다.[20]

이 법률은 이미 몇 차례 개정했지만 처음 제정했던 시점은 1997년 1월이다. 1997년에 이 법률을 제정하기 이전에는 1962년 이후 원호처를 주무부서로 [국가유공자 및 월남귀순자 특별원호법] 시절 탈북민을 유공자로 대접하다가 1978년 12월에 제정한 [월남귀순용사 특별보상법]을 근거로 북한 탈출 이후 국내로 들어오는 사람을 가리켜 귀순자나 귀순용사 같은 호칭으로 부르며 대접하던 시절이 있었다.

---

20 이 규정을 근거로 국내에 거주하는 탈북민의 자녀는 자신도 탈북민인 경우와 그렇지 않은 경우로 구분하게 된다. 이런 구분에 따라 대한민국 정부에서 탈북민을 대상으로 제공하는 혜택의 범주가 각각 다르게 나타나 현장에서 정책 수혜자 사이의 현실적인 갈등을 일어나는 사례도 생긴다. 우리 사회는 앞으로 이런 문제에 어떻게 대응해 나갈 것인지 현실적 대응 방안을 모색해야 할 것이다.

돌이켜 보면 매년 국내로 들어오는 탈북민의 숫자가 아예 한 명도 없거나 많아도 10명 미만이던 시절이 1990년대 초반까지 꽤 오랫동안 이어졌는데 그렇게 오랫동안 [월남귀순용사 특별보상법] 규정이 유효성을 지니고 있었다는 의미가 될 것이다. 그러다가 국내로 들어오는 탈북민 규모가 늘어날 것이라는 전망을 토대로 1993년에 [귀순북한동포보호법]을 제정했다. 당시 북한을 탈출해서 국내로 입국하는 사람을 귀순보다는 탈북의 관점에서 받아들여야 한다고 주장하는 의견이 강력하게 대두하면서 이 법률을 제정한 배경으로 작용했던 것으로 생각한다.

그런데 [귀순북한동포보호법] 시행 이후 탈북민에게 주어지는 보상금 규모가 너무 많이 줄어들었다는 불만의 목소리가 터져 나왔다. 이런 의견을 토대로 1997년에 제정한 [북한이탈주민의 보호 및 정착지원에 관한 법률]은 탈북민의 정착을 조금 더 적극적으로 지원하는 방향으로 전체적인 내용을 보완했다는 평가를 받는다.

2. 자료의 수집과 활용

이 책은 기본적으로 탈북민 심층면담 대상자의 주요 경험담과 이들이 직접 사용했던 표현을 최대한 활용하여 1990년대 후반부터 북한 전역에서 발생해 온 탈북 현상의 역사적 전개 과정을 촘촘하고 치밀하게 서술하는 것을 목표로 삼고 있다.[21] 이런 목표를 달성하기 위해서 필요한 자료는 기본적으로 탈북민을 대상으로 심층면담 방법을 시행하는 과정을 통해서 수집되었다. 구체적으로 어떤 방법으로 심층면담을 통해 탈북 현상과 관련한 자료를 수집하고 활용은 어떻게 했는지 소개하면 아래와 같다.

1) 자료 수집 방법과 활용 방안

(1) 미리 축적해 놓은 경험 자산

돌이켜 보면 탈북민과 대화를 나누는 과정은 항상 힘겨웠던 일로 기억에 남아 있는 것 같다. 즐겁고 기쁘고 희망의 파랑새를 찾은 것 같아서 안도감을 느끼는 순간에 곧바로 괴롭고 슬프고 끝을 모르는 나락으로 빠져드는 듯 절망의 수렁을 교차하는 일상이 끝도 없이 이어졌기 때문이었다. 어느덧 세월이 많이 흘렀고 그 시간의 흐름에 따라 나름대로 숙련도가 높아졌다고 자부하는 요즘에도 여전히 탈북민과 직접 만나 이야기를 나누는 과정을 가볍고

---

21 굳이 이렇게 서술하는 방식을 구체적인 방법론의 명칭으로 표현해야 한다면 이른바 Thick Description (Clifford Geertz: 1973) 방식이라고 부를 수 있을 것이다. 이 방식을 나는 치밀한 묘사, 촘촘한 묘사 등으로 번역하였다. 일부 학자들이 Thick Description 방식을 두꺼운 묘사라고 번역하지만 도대체 뭐가 얼마나 두껍다는 것인지, 어떤 맥락에서 두껍다고 하는 것인지 이해할 수 없어 이런 의견에는 절대 동의하지 않는다.

능숙하게 다룰 능력을 갖추지 못하고 있다. 최근까지도 탈북민의 경험담을 듣다 보면 숙연해질 때도 많고 또 여전히 새롭고 익숙하지 않은 내용도 듣게 되니 도대체 언제까지 배우고 익혀야 이 과정에 익숙해질 것인지 스스로 의문을 품는 일도 드물지 않다. 그럴 때 간혹 나도 모르게 버거운 감정에 빠진 채 인생의 의미를 전체적으로 되짚어 보는 일을 경험하게 된다.

처음에는 대화를 나누는 일이 힘겨운 이유가 이들이 사용하는 단어에 내가 익숙하지 않아서 그런 것이라고 생각했다. 대화를 나눈다고 하지만 서로 의미가 다른 용어를 사용한다면 각자 상대방이 무슨 말을 하는지 모르고 이들이 하는 말을 내가 제대로 해석하지 못하는 것은 당연한 일이 아니겠는가? 그래서 탈북민이 사용하는 낯선 단어를 배우고 익히는 일에 집중하는 시간을 가졌다. 북한당국이 발행하는 신문이나 잡지는 물론이고 소설과 영화 시나리오를 몇 차례씩 반복해 읽으면서 맥락에 따른 언어 화용법을 익히기도 했었다. 그런데 형태는 동일하되 남북한이 서로 다른 의미로 사용하는 단어를 찾아보기도 하고 형태가 다르지만 의미는 비슷하거나 동일한 사례를 모아서 외우고 난 이후에도 이들과 의사소통을 나누는 과정의 어려움이 기대한 만큼 감소하지 않는다는 사실을 깨달았다.

이런 사실을 깨달았을 때 결국 잘할 수 없는 일인가 하는 마음에 내심 절망감이 들기도 했었다. 그런데 시간을 두고 탈북민이 들려준 내용을 곱씹어 보면서 점차 언어 문제 이외의 다른 요인도 의사소통의 품질에 영향을 미치는 것이 아닌가 하는 생각이 들었다. 어쩌면 탈북민의 주장처럼 "순수한 우리말을 쓰는" 북한과 달리 "영어와 외래어를 많이 쓰는" 한국인들 습관 때문에 의사소통이 어려운 것이 아니라[22] 그 이외의 다른 문화적 요인도 작용한 결과는 아닐까 하는 생각이 들었던 것이었다. 이런 생각에 빠져든 이후로 나는 점차 탈북민이 북한에서 경험한 성장 과정과 생활문화 전반을 파악하는 일에 관심을 쏟게 되었다.

그렇지만 시간을 두고 북한주민의 성장 과정 전반이나 생활 풍습을 폭넓게 파악하고 난 뒤에도 여전히 탈북한 사람의 사고방식과 행동양식을 이해하는 것은 힘겨운 과제로 남았다. 그 이유가 무엇인지 아직 정확하게 파악한 것은 아니다. 다만 최근에 들어와 남북한 주민이 만났을 때 의사소통을 방해하는 요인은

---

22 탈북민은 물론이고 국내 학자 중에서 남북한의 의사소통이 어려운 이유를 한국인의 외래어 과다 사용 습관에서 찾는 사례는 드물지 않다. 심지어 중고등학교 교과서에서 북한 및 통일 관련 내용을 다루는 단원을 살펴보면 남북한 단어 비교표가 빠짐없이 등장하는 사실을 발견할 수 있다. 재미있는 사실은 이런 주장을 펼치는 전문가 집단에서는 북한 내 외래어 사용의 관행을 비판하는 의견이 나오지 않는다는 점이라고 생각한다. 사실 북한당국이 발행한 인쇄물이나 각종 영상자료를 통해서 북한주민이 노르마, 뜨락또르, 깜빠니아, 뽄트, 고뿌, 벤또 같은 외래어를 사용하는 현장은 쉽게 발견할 수 있다. 심층면담에 참여한 탈북민 역시 이런 용어를 자주 사용하면서도 자신이 외래어를 쓴다는 인식도 하지 못하는 경우가 많았다. 김석향 (2003), 『북한이탈주민의 언어생활에 나타나는 북한언어정책의 영향』, 서울: 통일부 국립통일교육원.

바로 인간이라는 존재를 바라보는 관점, 곧 인간관의 차이에 따른 결과물인 것 같다는 생각이 들기 시작했다.[23]

그래도 이렇게 어렵고 힘든 과정을 거치면서 점차 그동안 내가 직접 탈북민을 대상으로 심층면담을 진행할 때 든든한 버팀목이 되어 준 경험자산 덕분에 무난하게 지낼 수 있었다는 생각이 들었다. 세월이 지나가는 동안 시간을 두고 쌓아올린 경험자산 세 가지 덕분에 어려운 와중에도 그나마 이들과 어느 정도 원활한 의사소통을 할 수 있었던 것 같았다. 이제 다음 부분에서 관련 내용을 간략하게 설명해 보려 한다.

첫째, 미국에서 박사 과정을 하던 1990년 무렵 북한당국이 발행한 노동신문 자료를 촘촘하게 파악했던 일은 지금도 여전히 중요한 경험자산으로 작용하고 있다. 당시 지도교수의 권유로 북한 내 사회정치적 현황 자료를 찾다가 도서관을 통해 1952년 1월 1일자 이후 1985년 12월 31일자까지 6개월 단위로 구분해 놓은 마이크로 필름 자료를 구했다. 그 이후에 1991년 한 해 동안

---

23 간혹 심층면담 과정에서 북한당국의 도구적 인간관을 그대로 전달을 받은 탈북민의 정신세계에 맞서 가치관이 충돌을 일으키는 느낌이 드는 순간을 경험하기도 한다. 물론 이 부분은 아직도 선명한 결론을 내리지 못한 채 아직 공부가 더 필요한 회색 영역으로 남겨 둔 상태에 머물러 있다. 지금보다 공부를 훨씬 더 많이 하고 난 뒤에는 나름대로 합당한 결론을 내릴 수 있게 될 것을 희망한다.

발간한 노동신문 자료도 구할 수 있었다. 노동신문 자료를 손에 넣은 날부터 나는 곧바로 학교 중앙도서관 지하실에 위치한 마이크로 필름 리더기를 찾는 생활을 시작했다.

그 뒤 8개월 정도 나는 학교 수업과 조교 업무 이외에는 모든 시간을 마이크로 필름에 나타나는 북한 노동신문 자료를 읽고 메모하는 일에 빠져 지냈다. 처음에는 그저 신문에 나오는 기사를 읽으면서 나름 흥미를 끄는 내용이 나올 때마다 간략한 메모를 해두었다. 그 과정에서 1956년 노동신문 편집위원회가 4월 16일자 신문 1면 하단에 해당일부터 횡서체로 발간한다는 공고가 나온 사실도 확인했고 1966년 7월 9일자 노동신문 제4면에 〈우리말 다듬기 지상토론〉 제1회 기사를 시작한 이후 1973년 10월 29일자에서 제554회 기사로 종결한 상황도 찾아낼 수 있었다.[24]

이렇게 흥미 위주로 노동신문 기사를 읽으면서 어느 순간 갑자기 북한당국이 자랑스럽게 내세우는 주체 사상 관련 기사를 별로 발견하지 못했다는 생각이 들었다. 그 순간부터 다시 1952년 1월 1일자 제1면부터 촘촘하게 살피면서 노동신문 기사 제목에 주체라는 글자가 등장하는 장면을 놓치지 않으려고 세밀하게 탐색하면서 나름의 체계적인 방식을 정해 메모를 작성하기 시작했다.

---

24 관련 내용은 김석향 (2003) 제4부 내용을 통해 확인할 수 있다.

이런 작업은 결국 박사학위 논문에 필요한 기초자료를 제공해 주었다.[25] 그리고 이 방식으로 북한당국이 몇십 년에 걸쳐 발행했던 노동신문 자료를 샅샅이 뒤져보았던 과정은 지금도 여전히 관련 정보의 가치를 판단할 때 유용한 기준을 제공해 주기도 한다.

둘째, 앞서 서술한 것처럼 1997년 국립통일교육원 교수로 임용이 되면서 탈북민과 일상적으로 대화를 나누었던 과정이 심층면담을 진행할 때 아주 유용한 자산으로 작용했다는 점을 부인할 수 없을 것 같다. 그 당시 대화 경험은 당연히 목표를 세워놓고 시간을 정해 둔 채 진행하는 형식이 아니었다. 그저 "모처럼 내 말을 들어주는" 사람을 만나[26] 하소연이라도 하는 것처럼 마음속 깊은 곳에 자리잡은 이야기를 털어놓는 탈북민의 경험담을 들으며 나는 궁금한 점을 편하게 물어보는 기회를 누렸을 뿐이다. 이렇게 주어진 소중한 대화의 기회를 활용하여 경험자산을 축적해 둔 덕분에 왜 이들이 탈북의 순간에 발길을 멈추고 망설

---

25 Kim, Seok Hyang (1993) *The Juche Ideology of North Korea: Socio-political Roots of Ideological Change*, University of Georgia.

26 "모처럼 내 말을 들어주는 사람을 만나서 속이 시원해질 때까지 이야기할 수 있어서 좋았다" 하는 경험담 역시 심층면담에 참여해 준 탈북민을 통해 흔하게 들을 수 있었던 표현이다. 물론 심층면담 대상자가 모두 이런 반응을 보여준 것은 아니다. 그렇지만 시간이 지나면서 나는 이른바 탈북민 대상 심층면담 전문가로서 자리를 잡아 비교적 이들과 무난하게 대화를 이어나가는 능력을 갖추게 된 것으로 자부한다.

이며 고향을 한 번 더 쳐다보게 되는지 그 내면에 깊이 감추어진 이야기까지 들을 수 있었다. 또 탈북민이 북한을 벗어난 뒤 제 3국을 거쳐 한국에 입국하는 과정에서 성서적으로 어떤 상황에 놓이게 되는지, 도대체 이들은 왜 예측할 수 없는 순간에 갑자기 눈물을 쏟으며 오열을 하거나 한껏 신경질을 터뜨리며 날카로운 반응을 보이는지 어느 정도 이해할 수 있었다. 연구자로서 내 나름의 관점에서 충분히 사실에 기반한 근거를 둔 채 마음껏 상상할 수 있었던 것은 사실상 그 이전에 오랜 시간이 흘러가는 동안 탈북민과 만나면서 미리 축적해 놓은 경험자산 덕분이었다고 생각한다.

셋째, 국립통일교육원 교수로 임용이 된 이후 여러 차례에 걸쳐 북한을 방문했던 경험이야말로 탈북민을 대상으로 심층면담을 진행할 때 이야기를 매끄럽게 이어가는 기반으로 작용해 주었다고 생각한다. 대화 도중에 자연스럽게 북한 내 여러 지역을 다녀왔던 경험담을 들려주면 심층면담에 참여해 준 탈북민은 대부분 자신이 갈 수 없는 고향에 실제로 다녀온 사람이 있다는 사실에 반가움을 표현해 주었다. 그리고 처음에는 굳이 털어놓을 생각이 없었던 내용인데 "꿈에라도 가고 싶은" 고향을 직접 다녀온 사람을 만나니 자신도 모르게 입 밖으로 말이 흘러나온다고 하면서 추가로 들려주는 이야기가 많았다.

1998년 11월 18일, 현대에서 금강산 관광사업을 시작하면서 대형 여객선 운항을 처음 출항시켰다. 다음 날인 11월 19일에 관광선을 타고 금강산에 도착했다.[27] 그 이후에 통일부 공무원 신분으로 금강산과 개성공단 지역은 물론이고 대북 지원용 식량을 비롯한 먹거리를 전달하는 대표단으로 청진과 흥남, 남포와 송림 등 북한의 항구도시 여러 곳을 방문했다. 2005년 3월, 이화여대 북한학협동과정으로 직장을 옮기고 난 이후에는[28] 주로 의료 분야 지원을 목표로 평양 시내의 다양한 병원을 방문한 경험이 있다. 이렇게 북한 내 다양한 지역을 돌아다니며 바다와 산, 강과 들판의 변화를 관찰하고 사람들이 일상을 살아가는 현장을 직접 보고 느끼며 대화를 나누었던 경험은 책이나 논문을 읽으며 쌓아놓은 지식에 생기를 불어넣어 준 것 같다. 바로 이렇게 축적한 경험자산 덕분에 탈북민을 상대로 원활한 대화를 나누는 능력을 갖추게 되었다고 생각한다.

---

27 금강산 관광을 시작할 때 원래 첫 출항하는 배를 탔던 나와 몇 명의 공무원은 북한당국이 거부한다는 이유로 하선했다가 바로 다음 날에는 다시 금강산에 가라는 통일부의 지시로 11월 19일에 관광선에 올랐다.

28 이화여자대학교는 1998년에 일반대학원 북한학협동과정을 창설하였다. 그 뒤 2001년에는 학부 북한학연계전공 과정을 개설하여 학부 재학생에게 북한학을 복수전공하거나 부전공하는 기회를 제공하기 시작하였다. 그리고 2012년에는 북한학협동과정을 북한학과로 전환하여 단독 학과 체제를 갖추었다. 2022년 현재 이화여자대학교 일반대학원 북한학과는 대학원 학과로 운영하면서 학부 학생이 북한학을 복수전공과 부전공할 학생을 위해 북한학연계전공을 개설하고 있다.

(2) 자료 수집과 활용

이 책은 주로 탈북민을 대상으로 심층면담을 시행한 결과를 기본적인 자료로 활용하고 있다. 그런 의미에서 자료 수집은 당연히 심층면담 방법을 통해 진행했다고 서술해야 할 것이다. 그렇지만 탈북민을 대상으로 심층면담을 진행하면서 수집한 내용 이외에도 다양한 방식으로 이들의 이야기를 해석하는 데 도움이 되는 자료를 모으고 활용하였다는 점을 밝혀 두고자 한다.

이미 언급한 것처럼 이 책의 내용을 서술할 때 기반이 되는 자료는 탈북민 대상 심층면담을 통해 수집하였다. 개인적으로 탈북민 대상 심층면담을 본격적으로 진행하기 시작한 시점은 2010년 공동연구원 자격으로 한국연구재단 과제에 착수했을 때였다.[29] 그 일을 계기로 본격적인 심층면담을 진행하기 시작할 수 있었다. 그 이후 2022년 오늘날에 이르기까지 360여 명 규모의 탈북민을 대상으로 다양한 주제를 아우르는 심층면담을 직접 진행하면서[30] 이 책에서 활용한 자료를 확보할 수 있었다.

---

29 2010년 선정 한국사회기반연구사업 [SSK] "일상생활 연구를 통해 본 북한사회의 형성과 변화" 영역에 당시 국민대학교 Andrei Lankov 교수를 연구책임자로 "1990년대 이후 함경북도 회령시 주민들의 일상생활 연구" 과제에 지원하였는데 최종 선정이 되었다. 이 과제에 공동연구원으로 참여하면서 탈북민 대상 심층면담을 본격적으로 진행하기 시작하였다.

30 2022년 현재 국내에 입국한 탈북민 규모가 34,000여 명 수준이라는 점을 생각해 본다면 대략 100명 가운데 1명 정도의 비율로 직접 만나서

그동안 나는 탈북민 대상 심층면담을 진행하는 방식은 크게 두 가지 유형으로 구분하여 진행해 왔다. 우선 구체적인 주제를 정해 놓고 그 내용을 중심으로 관련이 있는 내용을 질문하는 방식을 활용했다. 다음으로 심층면담 대상자의 생애사 전반을 폭넓게 파악하는 것을 목표로 어린 시절부터 면담 시점까지 살아오는 동안 어떤 일을 겪었는지 전부 기록으로 남겨 이야기의 전후 맥락을 파악하려 노력하는 방식을 활용해 보았다.

두 가지 방식은 모두 나름대로 탈북의 역사 자료를 수집하는 도구로 유용한 역할을 해주었다고 생각한다. 재미있는 사실은 세월이 지난 뒤에 다시 되짚어 보니 구체적인 주제를 정해 놓고 좁은 범위 내에서 관련 내용을 집중적으로 질문하는 경우보다 오히려 폭넓은 삶의 경험담을 그대로 서술하는 기회를 제공했던 방식이 이들이 그동안 어떻게 살아왔는지 더 촘촘하게 파악하는 통로를 제공했다는 사실이[31] 새삼 아이러니로 느껴지는 순간

심층면담을 진행했다는 계산이 나온다.

31 북한 내 인권담론이나 마약의 생산 및 유통관련 논문은 특정한 주제를 정하지 않은 채 탈북민 스스로 생애사 전반에 걸쳐 일상생활을 회고하도록 요청했던 심층면담을 통해 찾아낸 주제를 탐색하면서 만들어 낸 결과물이었다. 2012년에 발표한 "북한 내 공적(公的)-사적(私的) 인권담론 분석" 논문은 특별히 인권 관련 주제로 심층면담을 진행하면서 만들어 낸 결과물이 아니다. 그보다는 오히려 심층면담 과정에 참여한 탈북민과 이야기를 나눌 때 "권리와 의무" 관련 주제가 나올 때마다 계속 "의무와 권리" 순서로 표현하는 방식을 발견한 것이 단초가 되어 주었다. 심층면담에 참여하는 탈북민마다 이런 방식의 표현 방법을 고수하는 사실

도 많았다는 점이었다. 그런 의미에서 탈북민 대상 심층면담 중에서도 특정 주제를 다루는 경우보다 전반적인 생애사를 주제로 폭넓은 이야기를 들을 수 있는 방식이, 저어도 내 경우에는, 연구의 효용성 측면도 높았지만 지속적인 흥미를 촉발시키면서 계속 연구하도록 이끌어주는 창의적 주제 개발이라는 측면에서도 훨씬 유의미한 도구로 작용했다고 생각한다.[32]

심층면담을 하는 동안 이야기를 끌어가는 진행자의 관점에서 최대한 주의를 기울였던 부분은 어떤 경우라도 탈북민의 말을 방해하지 않은 방식을 고수하려 했다는 점이었다. 비록 의견이 다르고 때때로 분노 유발형 발언이 쏟아져 나온다고 하더라도[33]

이 신기해서 도대체 이들은 왜 의무를 먼저 앞세우는지 탐색하다가 북한 내에서 인권이라는 주제를 다룰 때 공적(公的) 담론과 사적(私的) 담론이 얼마나 다른지 그 간격을 처음 발견하고 논문으로 작성한 결과물이었다. 2013년에 발표한 "A New Face of North Korean Drug Use" 역시 이들이 면담 도중에 사용하는 얼음, 빙두, 아이스라는 용어의 의미를 추적하다가 그 내용을 정리하여 논문으로 작성한 것이었다.

32 바로 이런 점이야말로 철저하게 구조화된 방식의 양적 연구로 도저히 달성할 수 없는 질적 연구의 성과물을 웅변적으로 보여주고 있다고 생각한다. 그리고 바로 이런 경험을 했기 때문에 나는 연구자로서 질적 연구 방법을 "품질이 뒤떨어지는" 양적 연구 방법처럼 취급하는 풍조를 용납할 수 없다고 생각한다는 점을 이 책에서 밝혀 두고 싶다.

33 탈북민을 대상으로 심층면담을 진행하며 가장 힘들었던 상황은 간혹 이들이 여성과 장애인, 결혼 이주 배우자와 외국인 노동자 등 우리 사회 내 소수자 집단을 비난하거나 비하하는 발언을 하는 것을 참고 견디면서 표정의 변화도 없이 들어야 한다는 점이었다. 물론 이들이 그런 발언을 하는 배경에는 성장 과정에서 북한당국의 도구적 인간관을 그대로 주입을 받으며 다른 관점을 생각할 기회도 없었던 결과라는 점을 모르

탈북민의 이야기가 이어지는 동안 따로 목소리를 내지 않고 끝까지 들어주는 방식을 준수하려고 노력하였다. 당연히 면담 도중에 내 의견을 말하거나 의도적으로 다른 주제를 거론하는 경우가 있었다. 그런데 이런 행위는 면담 대상자의 기억을 되살리거나 앞서 말했던 내용의 진위 여부와 내용의 과장 정도를 자연스럽게 확인하는 용도로 국한하려고 최대한 노력하였다. 한 걸음 더 나아가 면담 도중에 아무리 놀라운 이야기가 나와도 그 놀라움을 속으로 삼키면서 슬픔이나 기쁨, 분노와 같은 감정을 최대한 드러내지 않은 채 자연스럽게 대화의 흐름을 유지해 나가는 것을 목표로 삼았다.[34]

심층면담 진행 시간은 기본적으로 1회당 4시간을 원칙으로 하되 상황에 따라 2시간부터 4시간까지 탄력적으로 조정하면서 운영하였다. 면담 대상자에 따라 다소 차이는 나지만 대체로 처음 이야기를 시작한 뒤 30분–1시간 정도 잔뜩 경계심을 드러내

는 것이 아니었다. 그래도 여전히 이런 이야기를 들을 때 표정의 변화를 드러내지 않고 참아내는 시간은 지독한 고통으로 다가왔다. 이런 측면이 북한주민이나 탈북민 집단 전체의 특성이라고 과도하게 일반화하는 일은 일어나지 않아야 하겠지만 분명히 이들을 대상으로 면담을 진행할 때 한 사람의 인간으로서 그냥 넘어갈 수 없을 정도로 불쾌한 이야기가 쏟아져 나오는 경험도 했다는 사실도 기록으로 남겨 두고 싶었다.

34 물론 이런 목표를 늘 준수할 수 있었다는 뜻은 아니다. 목표는 이렇게 설정해 두었지만 실제로 탈북민을 대상으로 심층면담을 진행하는 동안 간혹 놀라기도 하고 면담 대상자의 발언에 어느 정도 반박하는 의견을 내놓는 일도 있었다.

는 것으로 보였다. 심층면담을 주도하는 사람이 과연 북한주민의 일상생활이나 탈북과정에 대해서 어느 정도 알고 있는지, 자신의 말에 귀를 기울이려 하고 제대로 의미를 파악하려고 노력하는지, 무엇보다 탈북민인 자신을 무시하거나 경멸하지 않고 그 사연에 공감을 표현해 주는지 파악하는 것을 중요하게 생각하는 느낌이 들었다. 그러다가 봇물이 터지기라도 하는 것처럼 자신의 경험담을 쏟아내는 사람도 간혹 있었다. 대체로 이런 경우에 면담 대상자는 자신이 왜 이런 말까지 하는지 잘 모르겠다고 하면서 마음에 담아 둔 회한을 털어놓았다. 당연한 일이지만 모든 심층면담 대상자가 이런 반응을 보였던 것은 아니었고 마지막 순간까지 경계심을 내려놓지 않은 사람도 있었다.

심층면담을 진행하면서 이들이 들려주는 이야기의 내용에 따라 과제를 진행하는 동안 한 사람을 서너 차례 만났던 경우도 있었다. 그런가 하면 2-3년 간격으로 각각 다른 주제로 심층면담을 진행할 때마다 참여해서 대화를 나누었던 사람도 몇 명 정도 떠오른다. 이렇게 시간을 둔 채 면담 대상자를 만나면 이들의 사고방식과 행위 양식이 어떻게 변화하는지 그 과정을 관찰할 수 있었다. 이런 과정도 역시 유용한 경험자산의 축적 기회가 되어 주었던 것 같다.

(3) 면담 대상자의 익명성 보장

이 책에서 심층면담 대상자인 탈북민이 들려주었던 내용을 활용할 때 가장 조심했던 부분은 익명성을 보장함으로써 개인의 신상이 드러나지 않게 최대한 주의를 기울이는 일이었다.[35] 그런 맥락에서 면담 대상자의 익명성 보장을 위해 일반적인 독립변수에 해당하는 연령과 성별, 출신 지역, 학력, 북한 거주 당시의 직업, 재산의 정도 이외에 북한사회 내에서 아주 중요하게 작용하는 성분·토대와 같은 요인에 따라[36] 이들이 어떤 분포를 나타내는지 이 책에서 세밀한 정보를 제공하지 않을 예정이라는 점을 미리 밝혀두고 독자 여러분의 양해를 구하고자 한다.[37]

---

35 실제로 탈북민을 대상으로 심층면담을 진행하고 녹취록을 만들어 놓은 뒤 그 내용을 분류하고 정리하는 과정에서 연구진 사이에 서로 자료를 전달해야 할 필요가 있을 때 사람이 직접 들고 나르는 방식을 활용하였다. 혹시라도 실수로 심층면담 대상자의 신상이 드러나거나 해킹의 피해로 이들의 개인정보를 유출하는 사태를 막으려고 해당 자료를 메일이나 SNS로 주고받는 일도 최대한 자제하였다.

36 북한사회 내부에서는 출신성분과 사회성분으로 이루어지는 성분·토대에 따라 한 사람에게 주어지는 삶의 기회가 본질적으로 달라지기 때문에 이 요인을 중요한 독립변수로 취급하지 않을 수 없는 것이 현실이다.

37 이 책이 학술지나 학위과정에 제출하는 논문이었다면 심층면담 대상자의 개인정보를 사실상 전혀 제공하지 않겠다고 선언할 수 없었을지도 모른다. 그렇지만 이 책은 논문 형태를 추구하는 글이 아니기 때문에 나는 최대한 심층면담 대상자를 특정하지 않은 채 이들의 탈북과정에 얽힌 이야기를 서술해 보고자 한다.

이 부분에서 독자들의 오해를 피하기 위해 한 가지 사실을 미리 서술해 두자면 탈북민을 대상으로 심층면담 자료를 녹취했던 원본은 연구 요리 기준에 따라 해낭 보존 기간이 끝나면서 모두 폐기했다는 점을 밝혀 둔다. 심층면담에 참여해 준 탈북민과 대화를 나눈 원본 자료는 아직 기한이 남은 일부 이외에는 지금 내 수중에 남아 있지 않다. 따라서 이 책에서 심층면담 결과 자료를 최대한 활용했다고 하는 말은 녹취 원본을 근거로 필요한 부분을 그대로 옮겨 놓았다는 의미가 절대로 아니라는 점을 독자 여러분도 기억할 필요가 있다고 하겠다.

물론 출판을 완료한 책이나 논문에 공개했던 인용문을 다시 가공해서 활용하는 경우가 없었다는 뜻은 아니다. 그렇지만 이 책에서 심층면담 자료를 최대한 활용했다고 하는 말은 기본적으로 면담 대상자의 개인정보가 드러나지 않도록 간략하게 정리한 통계 수치와 이들이 반복해서 들려준 특정 표현이 많고 그 이외에도 연구자로서 내가 필요하다고 판단해서 따로 적어 둔 메모와 오랫동안 기억에 남는 표정, 몸짓, 눈빛, 표현 등을 나름대로 적절한 방식으로 가공해서 이용했다는 것을 의미한다.

그런 의미에서 이 책에 등장하는 내용은 비록 그 원천이 탈북민이 들려준 이야기에서 시작했지만 전체적인 내용은 직접 글을 쓴 내가 온전히 책임을 지고 서술한 결과물이라고 표현해야 할 것이다.

다시 말해 이 책의 어느 부분에 정확하지 않은 내용이 나온다면 그 내용은 온전히 글을 쓴 나의 책임일 뿐이며 심층면담에 호응해 준 탈북민을 탓할 수 없다는 것을 의미한다는 뜻이기도 하다.

2) 질적 연구와 자료의 객관성

(1) 질적 연구 방법의 장점

최근에 들어와서 부쩍 북한학방법론 수업을 진행할 때마다 질적 연구 방법은 "품질이 나쁜" 방식으로 양적 연구 방법을 대체하는 수단이 아니라는 사실을 강조하는 일이 많아졌다. 그 이유는 지금도 여전히 북한학을 전공하는 대학원생이나 학위를 받은 뒤에 얼마 지나지 않은 신진학자 가운데 상당수가 의식적으로나 무의식적으로 양적 연구 방법은 과학적이고 객관적이며 이론적으로 완성도가 높은데 그 반면에 질적 연구 방법은 비과학적이고 주관적이며 이론적 완성도가 낮은 방법론으로 양분하는 경향을 강하게 드러내는 현실을 일상적으로 목격하고 있기 때문이다.[38]

---

38 이런 문제는 비단 북한학 영역 특유의 현상은 아니라고 생각한다. 일반적으로 사회과학 분야를 넘어 학문 영역 전반에 걸쳐 양적 연구를 숭상하면서 질적 연구를 "질 나쁜" 대안으로 생각하는 경향은 강하게 자리를 잡고 있는 것으로 보인다.

이런 사람들은 대체로 자료를 수집하는 과정에서 충분한 규모의 분석 대상 사례를 모을 수 있다면 당연히 양적 연구 방법을 활용해야 마땅하다는 인식을 드러낸다. 다만 현실적으로 그 수를 다 채울 수 없거나 채우지 못하는 상황에 부딪히면 "비록 분석의 품질은 좋지 않겠지만 불가피하게 질적 연구 방법을 선택해야" 한다는 점을 강조함으로써 자신의 행위가 어쩔 수 없는 대안이었다고 스스로 변호하는 양상을 드러낸다.

단언하건대 질적 연구 방법은 분석의 품질이 뒤떨어지는 양적 연구 방법이 아니다. 질적 연구 방법과 양적 연구 방법은 각각 나름의 장점을 지니고 있는 분석도구로서 본질적으로 그 속성이 서로 다르다는 사실을 반드시 기억해야 한다. 양적 연구 방법과 달리 질적 연구 방법은 기존의 자료가 충분히 쌓여 있지 않은 환경에서 매우 유용한 도구로서 빛을 발휘하는 경우가 많다. 말하자면 이미 잘 알려진 기존의 이론으로 현상을 분석할 수 없을 때, 예전에 널리 사용하던 분석틀을 활용해서 현상의 본질을 파악할 수 없을 때, 연구자 스스로 자신에게 익숙하지 않아 낯설고 이질적인 주제를 분석해야 하는 환경에 놓여 있을 때 질적 연구 방법을 활용하면 놀라운 성과물을 만들어 낼 가능성이 높아진다는 뜻이다.

이 책에서 활용했던 탈북민 대상 심층면담 방식은 질적 연구 방법의 주요한 유형 가운데 하나로 꼽힌다. 탈북민을 대상으로 심층면담을 시행하면서 이들의 생활세계에서 벌어지는 일상생활을 치밀하게 파악한 뒤 그 이야기에 공감하는 과정을 거쳐 연구자가 말하려고 하는 내용을 구성해 내야 비로소 얻어낼 수 있는 자료는 당연히 양적 연구 방법의 결과물과 다르다. 또 달라야 하는 것이 마땅한 일이다.

비록 그 과정이 힘들고 시간과 비용의 소모가 많더라도 연구자가 자신의 의도에 따라 자료를 멋대로 쓰려고 하는 유혹을 이기고 적재적소에 제대로 사용한다는 조건을 준수하기만 하면 미처 예상하지 못할 정도로 빛나는 성과물로 보답을 하는 것이 바로 질적 연구 방법의 장점이라 하겠다. 질적 연구 방법을 통해서 잘 정제해 낸 자료는 양적 연구 방법의 분석틀을 아무리 정교하게 다듬어 적용한다고 해도 비슷한 수준의 결과물을 절대 얻어낼 수 없을 만큼 현실을 꿰뚫는 보물창고 역할을 충분히 감당해 줄 것이라고 믿는다. 다만 그 과정이 결코 쉽지 않기 때문에 북한학 분야의 연구자는 특히 분석 대상 자료를 수집하는 과정에서 양적 연구 방법과 질적 연구 방법의 장점과 단점은 각각 다르다는 사실을 분명하게 기억해 둘 필요가 있다는 점을 강조해 두고 싶다.

지금까지 북한학 분야 자료는 분석 대상인 북한과 북한체제, 북한사회, 북한주민과 그 지도자 등 다양한 주제의 특성을 잘 드러내는 방향으로 자료를 잘 정리해 놓은 상태가 아니다. 20년 전이나 10년 전보다 전반적 상황이 좋아졌고 연구자가 활용하기 편해진 것은 부인할 수 없다. 그렇지만 아직도 북한 관련 통계를 포함하여 학문적으로 필요한 정보를 잘 갈무리해서 연구자가 사용하기 편한 상태로 정리해 놓았다고 할 수준은 아니라고 하겠다.[39] 이보다 더 심각한 문제는 북한학 분야의 대학원생과 신진학자 상당수는 소위 "제대로 배울 곳이 없어서 별다른 준비를 하지도 못한 상태로" 북한학 분야에 뛰어들고 있다는 것이 오늘의 서글픈 현실이라고 생각한다.[40] 그런 의미에서 북한학 분야의 대학원생과 신진학자가 질적 연구 방법을 활용하여 현실을 꿰뚫는 보물창고를 찾아가는 길은 여전히 요원하다 하겠다.

---

39 이런 상황에서 질적 연구 방법을 적용하여 북한학 분야 논문을 작성한다는 것은 곧 새로운 유형의 자료를 수집하고 분류하여 학문적 활용 가능성이 높은 상태로 갈무리하는 작업까지 포함하는 일이다. 문제는 이렇게 힘든 과정을 거쳐 논문을 작성한 뒤 학술지 편집위원회에 제출하면 현실을 잘 모르는 익명의 심사자로부터 기존의 이론이나 분석틀, 통계자료를 활용하지 않았다는 이유로 수정 후 재심이나 게재불가 판정을 받는 일이 드물지 않다는 점이다. 이와 같은 현실적 어려움을 생각하면 대학원생이나 신진학자가 질적 연구 방법을 제대로 활용해 보겠다고 나서는 일이 왜 어려운지 어느 정도 이해할 수 있는 실정이라 하겠다.

40 실제로 북한 관련 지식을 제대로 배우지 못한 상태에서 자신은 OOO 대학원에서 어떤 과정을 거쳤다는 사실을 들어 그만큼 북한의 현실을 잘 안다고 착각해서 그렇게 주장하는 사람도 드물지 않다. 이들은 자신이 질적 연구를 추구한다고 주장하면서도 마치 양적 연구를 수행하는 것 같은 방식으로 연구 절차를 진행하는 오류를 범하기도 한다.

(2) 자료의 객관성 확보

간혹 북한학 연구자 중에서 "한 번 배신한 사람은 다시 배신하는 경우가 많다" 하는 주장을 펼치면서 탈북민의 증언이나 이들이 심층면담 과정에서 들려준 이야기는 믿을 수 없다는 의견을 고집하는 사람도 있다.[41] 이들의 논리는 탈북이라는 행위 자체가 북한이 싫어 탈출했다는 뜻이니 자신이 "떠나온 곳을 비판하는" 탈북민의 이야기는 처음부터 중립성과 객관성을 담보할 수 없는 특성을 지니고 있어 신뢰하기 어렵다는 뜻으로 요약할 수 있겠다.

이 책에서는 기본적으로 심층면담 대상자인 탈북민이 배신자라거나 변절자라서 이들의 말을 믿을 수 없다는 논리에 전혀 동의하지 않는다. 한 걸음 더 나아가 탈북민이 북한을 싫어하고 좋아하는 정

---

41 사실 탈북민을 "배신자·변절자" 등으로 분류하는 것은 북한당국 특유의 논리 전개 방식이다. 이런 흐름에 따라 탈북민도 스스로 자신을 배신자라거나 변절자로 표현하는 양상을 드러낸다. 그런데 이런 논리를 그대로 답습하는 사람이 많다는 것은 사실상 아주 서글픈 우리 사회의 현실을 보여준다고 하겠다. 탈북민이 배신자라거나 변절자라고 한다면 도대체 이들이 누구를 배신하고 어느 지점에서 변절했다는 것인지 생각해 볼 필요가 있는 일이 아닐까? 이들이 김일성-김정일-김정은 등으로 이어지는 특정 집안의 사람들 몇몇을 배신하고 변절했다면 오히려 의로운 "내부고발자" 대접을 해주어야 하는 것 아닐까? 생각의 방향을 전환해 본다면 오히려 김일성-김정일-김정은 등 3대까지 이어져 온 북한의 지도자가 주민을 배신했기 때문에 그 수많은 사람이 어쩔 수 없이 탈북을 선택했다고 볼 수 있는 일은 아닌가?

도에 따라 이들의 진술이 중립성과 객관성을 지니는지 여부를 판단하는 일은 전혀 이 책의 관심사가 아니다. 만약 심층면담 대상자 개인이 감정 문제가 개관성을 판단하는 기준이라면 이 책에서는 기꺼이 그 객관성이라는 기준을 포기할 수 있다고 생각한다.[42]

오히려 이 책에서 관심을 기울이는 부분은 탈북민이 과거에 경험했던 일을 들려주거나 자신의 의견을 말할 때 그 내면의 감정이 변화하는 과정을 놓치지 않고 제대로 포착해서 치밀하고 촘촘하게 묘사하는 것이다. 말하자면 탈북민을 대상으로 심층면담을 진행하는 동안 이들이 드러내는 감정의 변화를 치밀하고 촘촘하게 묘사하는 것을 이 책의 목표로 삼고 있다는 뜻이다. 탈북민과 대화를 나누면서 이들의 감정이 언제 소용돌이를 치는지, 그런 방향으로 이들의 감정이 휘말려 들어가는 이유는 무엇인지, 왜 어떤 사람은 북한이라면 치를 떨며 싫어하고 또 다른 사람은 북한을 비판하지도 말고 김일성-김정일-김정은 이름을 절대 욕하지 말라고 거품을 물고 덤벼드는지 그 정서적 변화의 흐름을 치밀하게 묘사하는 과정이야말로 이 책에서 추구하는 방향을 제대로 나타내고 있다는 뜻이다.

---

42 간혹 심층면담 대상자가 거짓말을 하거나 자신의 경력을 지나치게 과장하여 서술하는 사례가 없는 것은 아니다. 그런데 이런 경우는 당연히 특정 개인의 문제로 파악해야 할 일이며 탈북민 전체의 집단적 속성으로 주장할 사항은 아니다. 비록 몇몇 사례가 나타난다고 해도 그런 경험을 기반으로 탈북민 전체의 집단성으로 서술하는 것은 지나친 일반화의 오류를 범하는 일이며 연구자가 반드시 조심해서 삼가야 할 문제라 하겠다.

그렇다고 해서 이 책을 쓰는 과정에서 탈북민 대상 심층면담 자료의 객관성 검증을 무시하거나 중요한 일이 아니라고 생각한다는 뜻은 절대로 아니었다. 오히려 이 책을 준비하는 과정에서 나는 연구자로서 나름대로 자료의 객관성 검증 과정을 거쳐 면담 내용을 정제하는 절차를 거친 뒤 활용하려고 최대한 노력하였다. 말하자면 심층면담을 완료한 이후 가능한 범위 내에서 탈북민이 들려준 이야기의 내용이 신뢰도와 타당도 측면에서 적합한지 살펴보기 위해 다른 자료와 교차 검증하는 방식을 다양하게 동원하였다는 뜻이다. 물론 이렇게 검증했다는 사실이 탈북민이 들려주는 이야기를 믿을 수 없다거나 이들이 거짓말을 하는지 밝혀내려는 의도에 따르는 행위가 아니었다는 점을 명백하게 밝혀두고자 한다. 그저 탈북민이 들려주는 이야기의 전체적인 맥락을 파악하고 내용의 신뢰도와 타당도를 검증하는 목적으로 아래와 같은 세 가지 방식을 동원하였다는 것을 의미한다.

첫째, 심층면담 과정을 마무리하고 난 뒤 녹취자료를 만들면 그 내용을 토대로 이 사람의 여정을 따라 북한 전역의 어느 지점을, 어떤 시기에 지나갔는지 지도에 표시하는 작업을 시행해 보았다. 당연히 한 사람이 거쳐 온 생애 과정을 작은 마을 단위까지 빠짐없이 표시하는 작업을 추진할 수 있었던 것은 아니었다. 그래도 도·시·군 지역을 기준으로 심층면담 대상자 자신이 들려주었던 삶의 여정을 시간적 흐름에 따라 다시 구성해 보면 나름대로 전체적인 내용의 신뢰도와 타당도를 측정하는 도구로 활용할 수 있었다.

예를 들어 소금장사를 하면서 이윤을 많이 남겼다고 주장하는 사람을 대상으로 심층면담을 진행할 때[43] 이 사람이 구체적으로 언제, 어느 도시를 떠나 어디까지 가서 물건을 넘기고 다시 어디로 가서 다른 품목을 산 뒤 언제까지 거주 지역으로 돌아갔다는 말이 나오면 지도 위에 해당 지점을 표시하면서 이동 수단과 비용, 대략 소요하는 시간 정도 확인하는 절차를 거쳤다. 사실 이런 절차를 거치는 동안 심층면담 대상자 스스로 자신이 착각했다고 내용을 수정해 주는 경우도 많았다. 결국 자연스럽게 이들의 이야기를 신뢰할 수 있는지 점검하는 절차를 거쳤다.

둘째, 분단 이후 북한체제가 거쳐 온 역사적 변화 과정을 일종의 연도표로 만들어 놓고 이 내용을 기준으로 심층면담 대상자가 스스로 묘사하는 삶의 행적이 어느 시점에 해당하는지 분석하는 작업을 시행하였다. 이 과정을 통해서 심층면담 대상자가 들려주는 이야기가 시간적 측면에서 신뢰도와 타당도를 지니는지 어느 정도 교차 검증할 수 있었다.

━━━━

43 이른바 고난의 행군 시기를 막 지나서 탈북한 사람을 대상으로 심층면담을 진행하다 보면 북한 전역에 소금과 설탕, 쌀 등 세 가지 흰색 품목은 항상 부족했다고 하소연하는 경우가 많았다. 이들의 주장에 따르면 이런 품목은 고난의 행군 시기 이전부터 부족했는데 시간이 지나면서 상황이 한층 더 심각해졌다는 것이었다.

예를 들어 자신이 탈북하기 전에 이미 "잘 나가던" 인물이었다는 점을 강조하느라고 2002년 7월 1일[44] 이전에 북한에서 생활비라고 부르는 월급을 매달 3,000원 넘게 받았다고 터무니없는 숫자를 내세우는 사람을 만나는 경우가 간혹 있었다.[45] 이들은 대체로 "한국에서 북한을 연구한다는 사람들은 제대로 실정을 아는 것도 없으면서 아는 척" 한다고 핀잔을 주기도 했었다.[46] 아무래도 북한에서 몇십 년 살다 온 자신이 더 잘 알지 않겠느냐 하는 것이 이들이 자주 사용하는 논리의 핵심이었다.

━━━━━

44 북한당국은 2002년 7월 1일에 이른바 7·1 경제관리개선조치를 발표하면서 경제체제를 근본적으로 바꾸려는 시도를 했었다. 그 가운데 북한당국이 이른바 생활비라고 부르는 월 급여를 대폭 올려서 매월 40원-300원 정도에서 매월 1,500원-5,000원 수준까지 높여 놓았던 정책도 포함이 되어 있었다. 그렇지만 쌀이나 옥수수 등 곡물의 가격을 비롯한 각종 생활필수품 값은 비교할 수 없을 정도로 훨씬 더 큰 폭으로 인상했던 사실도 동시에 기억해 두어야 한다.

45 북한당국은 월급이라는 용어가 노동력을 사고파는 자본주의 사회에서나 쓰는 용어라고 비판하면서 북한체제에서는 누구나 생활에 필요한 물품을 공급하고 비용을 제공한다는 의미로 생활비라는 개념을 도입하여 사용하였다.

46 이런 반응은 내가 여성 연구자라서 겪는 일이라는 느낌이 들기도 했다. 심층면담 대상자가 남성 탈북민인 경우에는 여성 연구자인 나를 향해서 한 수 가르쳐 준다는 자세로 이른바 mansplain 증상을 드러내는 경우도 드물지 않았다. 물론 여성 탈북민이라고 해서 여성 연구자에게 항상 우호적이었던 태도를 보여주었던 것은 아니었다. 혹시라도 심층면담을 진행하는 자리에 어느 정도 나이가 든 것으로 보이는 남성이 들어 오는 경우에는 질문을 내가 하더라도 그 남성을 향해 시선을 고정해 놓은 상태로 답변하는 자세는 심층면담 대상자의 성별을 불문하고 자주 관찰할 수 있는 일이었다.

이런 유형의 사람을 대상으로 심층면담을 진행할 때 먼저 구체적인 자료를 제시한 뒤 자신의 경험을 한 번 되짚어볼 것을 요청하는 방식을 사용했다. 예를 들어 북한당국이 2002년 7월 1일 이른바 7·1경제관리개선조치를 발표했는데 그 이전에는 북한에서 아무리 최고위층이라고 해도 월 급여 수준이 대체로 300원을 넘지 않았던 만큼 애초에 3,000원 정도 받는다는 것 자체가 불가능하다는 사실을 알려준 다음에 그 당시 실제로 어느 정도 금액을 받았는지 다시 문의하였다는 뜻이다. 이 단계에 이르면 대부분 조용히 인정하고 넘어가기는 하지만 간혹 마지막까지 자신이 옳다고 우기는 사람도 있었다. 공교롭게도 이들은 대부분 남성 탈북민이었다.

물론 이렇게 요청한다고 해서 심층면담 자료의 신뢰성을 온전히 검증할 수 있었다고 장담하기는 어렵다. 그렇지만 적어도 정확한 자료를 제시한 뒤 예전 기억을 되짚어 보게 하는 것으로도 심층면담 대상자 스스로 자신이 정확한 말을 했는지 한 번 더 검토하게 만드는 효과는 있었다고 생각한다. 말하자면 이 과정은 나름대로 강력한 자정 작용의 역할을 한 것이라 하겠다.

셋째, 앞서 언급한 두 가지 과정을 통해서 심층면담 자료가 공간적으로나 시간적으로 신뢰도와 타당도를 지니는지 평가하고 난 뒤에는 다른 탈북민의 수기를 기준으로 전반적인 내용을 다시 검토하는 순서를 거쳤다. 이 작업을 하기 위해 먼저 시중에 출판물로 나와 있는 탈북민 수기를 수집한 뒤 각 책자의 내용을 토대로 시간과 공간에 따른 북한주민의 전형적인 생활 양상 유형을 만들어 보았다.[47] 그리고 심층면담 자료 중에서 이렇게 전형적인 유형에서 동떨어진 내용이 나타나면 그 원인이 무엇인지 파악하는 방식으로 탈북민이 들려준 이야기의 신뢰성과 타당성 검증을 시도했다.[48]

지나간 시간을 되짚어 보면 내가 연구를 진행하는 과정에서 이렇게 세 가지 검증 과정을 거칠 수 있었던 배경에는 기본적으로 앞서 2-1-1 부분에서 서술한 것처럼 탈북민을 대상으로 심층면담을 진행하기 전에 이미 노동신문 자료를 촘촘하게 살펴보았고 또 북한의 여러 지역을 방문했으며 탈북한 사람을 만나 다양한 이야기를 나누었던 개인적 경험자산의 역할이 크게 작용했다고 생각한다. 만약 미국에서 박사논문 자료로 노동신문 기사를 살펴볼 기회가 없었고 또 국립통일교육원 교수로 보낸 시간이 주어지지 않아 다양한 경험자산을 갖추지 못했다면 교차 검증의

---

47 이 과정을 Max Weber가 말하는 이념형 ideal type을 구성한 것이라고 생각한다.

48 이른바 극단값이라고 부르는 outlier 값을 어떻게 처리할 것인지 판단하기 전에 먼저 북한주민의 전형적인 생활 양상을 일종의 이념형으로 만들어 놓은 뒤 이를 기준으로 개별 심층면담 대상자가 말해주는 내용을 검증하는 절차를 거쳤다는 것을 의미한다.

중요한 도구를 준비할 여력이 없는 상태로 연구를 진행할 수밖에 없었을 것이다.

그런 의미에서 비록 내가 미리 계획을 세우고 의도적으로 준비했던 것은 아니지만 생애 과정에서 시간의 흐름에 따라서 자연스럽게 쌓아놓았던 경험자산 역시 탈북민을 대상으로 심층면담 자료를 수집하고 그 내용을 유형별로 분류하는 과정에서 매우 유용한 도구의 역할을 해주었다고 생각한다. 온전히 내가 노력한 결과로 얻은 것이 아니라 일상생활에서 그저 주어진 업무를 충실하게 수행하는 과정의 부산물로 얻어낸 자질이었지만 이렇게 연구자로서 미리 쌓아놓은 경험자산이 심층면담에 참여해 준 탈북민이 들려주는 이야기의 신뢰도와 타당도를 검증하는 기준점 역할로 크게 기여했다고 하겠다.

3. 기획 의도와 구성

1) 기획 의도

이 책의 기획 의도는 크게 두 가지 정도로 구분할 수 있다. 무엇보다 탈북민이 북한을 벗어나 국내로 입국할 때까지 거쳐 온 여정을 앞으로 우리가 함께 공유해야 할 역사 기록으로 만들고 싶다는 생각으로 그 가능성을 탐색해 보고 싶었다. 다음으로 탈북민 개인이 경험했던 과정을 촘촘하게 서술하면서도 그 개별성과 집단성을 동시에 드러내고 싶은 의도로 이 책을 쓰기 시작했다. 이제 그 내용을 간략하게 소개하면 다음과 같다.

(1) 탈북 여정의 역사 기록 만들기

이 책에서는 우선 탈북의 과정을 역사적 기록으로 남기는 일을 시도해 보고자 한다. 북한주민이 "나서 자란 고향, 태를 묻은 땅을 버리고" 탈출을 감행한 이유가 무엇인지 그들이 들려주는 이야기를 정리해서 역사적 기록으로 남기고 싶다는 생각으로 이 책을 쓰는 작업에 도전하기 시작했다. 만약 역사적인 기록으로 남기는 수준에 이르지 못한다면 어떻게 할 것인가? 적어도 역사적인 기록물을 만들 때 활용할 수 있는 사초 史草 같은 자료로 남기는 기본 작업을 시도해 보는 것은 가능하지 않을까? 글쓴이의 관점에서 나는 이 책을 발간하는 의의를 이 정도 수준으로 정리한다 해도 무방할 것이라고 생각한다.

돌아보면 이 책에서 탐색하려 하는 탈북의 역사는 그리 길지 않은 기간으로 보인다. 1990년대 후반에 들어 처음 시작이 된 일이라고 생각하기 때문이다.[49] 1994년 "영원히 죽지도 않을 것

49 물론 그 이전에도 탈북한 사람이 없었던 것은 아니다. 그런데 이들은

같았던" 김일성의 죽음 이후 북한 전역에는 홍수와 가뭄이 덮
쳤고 그 여파로 누구나 굶주림의 그림자를 느낄 수밖에 없었다
는 것이 심층면담 대상자들 의견이었다.[50] 북한당국은 이른바
"고난의 행군" 기치를 들고 나와 식량과 땔감을 찾아 헤매는 주
민들을 향해[51] "가는 길 험난해도 웃으며 가자" 하는 구호로 생
산현장에 나올 것을 다그쳤다. 그렇지만 공장마다 기계는 멈춰
섰고 농장에는 종자와 비료가 부족해서 농사도 제대로 지을 수

20-30대 청년층으로 혼자 탈북한 젊은 남성이 많았다. 그런 점에서 주
로 여성 탈북민이 많은 1990년대 후반 이후의 시대별 상황과 심층면담
대상자 개인의 상황이 서로 다르다고 하겠다.

50 사실 1990년 이후 북한의 식량 사정이 나빠진 배경은 단순히 김일성
의 죽음 이후 홍수와 가뭄 때문이라고 설명할 수 없다. 그보다는 오히려
1990년 이후 북한당국이 직면한 외화난이나 에너지난에 더하여 1970년
대 이후 주체농법을 구가하는 과정에서 이른바 "새 땅 찾기" 운동을 벌
이고 토사가 흘러내리는 것을 막는 사방공사도 제대로 하지 않은 상태
에서 산비탈을 깎은 뒤 옥수수를 심는 밭으로 만들었던 탓이 크다고 하
겠다. 그렇지만 심층면담에 참여한 탈북민 중에 1994년 김일성의 죽음
이후 북한 경제가 "고꾸라졌다" 하는 방식으로 단호하게 서술하는 사람
이 드물지 않았다.

51 당시 상황이 얼마나 열악하고 힘에 겨웠는지 설명하는 사람은 심층면
담 대상자 중에서도 주로 "한 가정의 경제를 책임진" 여성이 많은 것으
로 나타났다. 심층면담에 참여한 남성이나 북한에서 "아직 시집을 가지
않은 처녀 시절을 보내느라" 자신이 가정의 경제를 책임지는 위치에 있
지 않았던 젊은 여성과 달리 "매일 저녁 밥상에 뭐라도 먹을 것을 올려
야 하는" 여성들은 당시 상황이 "쌀보다 땔감 나무 구하는 것이 더 힘들
었고 여자는 시집만 가면 고생, 고생, 열두 가지 고생을 하는 나락으로"
떨어진다고 주장했다. 북한당국이 "여성은 꽃이라네" 하는 제목의 노래
를 많이 부르라고 하는데 이들은 스스로 자신의 팔자를 빗대어 "여성은
황소라네" 하는 방식으로 가사를 바꿔 불렀다고 토로하기도 했다. 반면
에 남편은 집에서 하는 일이 없이 그저 도둑이 들지나 않도록 지키는 역
할만 한다고 "멍멍이", 쓸모없는 존재라는 뜻으로 "낮전등" 같은 용어로
호칭했다는 것이다.

없는 상황이 이어졌다. 결과적으로 북한당국이 아무리 각종 구호와 선전선동 활동으로 주민들을 다그쳐도 1996년–1998년 무렵이 되면 "평민, 평사람, 하바닥 사람들 집에서는 배급쌀을 한 톨도 구경할 수 없는" 지경에 이르고 말았다는 것이 심층면담 대상자들 의견이었다. 당국이 주기적으로 공급하는 "배급쌀은 간부 집에나 가야 볼 수 있는" 귀한 물자가 되어버리고 말았다는 것이 이들이 들려주는 이야기의 내용이었다.[52]

상황이 이 지경에 이르자 북한과 중국의 국경 중에서도 강폭이 좁아 쉽게 건널 수 있는 함경북도 샛별이나 회령, 무산, 양강도 혜산 같은 지역을 중심으로 생활고에 시달린 여자들이 중국으로 탈출을 하는 현상이 나타났던 것이다. 이렇게 여자들이 탈북하는 상황이 발생하기 시작한 이래로 2022년 오늘에 이르기까지 20년 이상 세월이 훌쩍 지나갔다. 이제 곧 북한과 중국 국경 근처에서 탈북한 여성들의 역사가 30년에 도달할 것 같다.

당연히 그 세월이 흐르는 동안 변화한 것도 많았고 아픈 사연도 많았지만 성공한 탈북민 이야기도 자주 나오기 시작했다. 무엇

---

52 탈북민을 대상으로 심층면담을 진행하던 초기에는 이들이 왜 평민과 간부를 구분하는 표현을 그렇게 집요할 정도로 사용하는지 도무지 이해할 수 없었다. 북한은 이른바 사회주의 체제로서 평등을 지향한다고 생각했던 나로서는 그 속에서 일상을 살아가던 사람들이 왜 이 정도로 철저하게 계급의식을 드러내는지 그 현상을 보면서도 잘 믿어지지 않았고 자못 당황스러운 순간도 많았다.

보다 탈북하는 사람의 탈출 동기가 달라졌고 이들의 특성도 예전과 많이 달라진 것으로 나타난다. 말하자면 탈북 현상도 시대적인 흐름에 따라 다양한 트렌드가 나타나고 그 유형별 특성이 달라진다는 것을 의미한다. 한 걸음 더 나아가 탈북민이 북한을 벗어난 뒤 자신의 인생을 어떤 방향으로 이끌어 가려고 추구하는지 그 방향도 시간의 흐름에 따라 분명하게 달라지는 양상이 드러나기도 한다. 그런 의미에서 앞으로 이 책에서는 탈북 유형이나 경로가 어떻게 변화해 왔는지 서술해보려 한다.

(2) 탈북민의 집단성과 개별성

모든 탈북민이 동일한 속성을 지니고 있다거나 서로 비슷한 유형의 생애사를 공유하는 존재가 아니라는 점을 선명하게 드러내는 것도 이 책의 주요한 기획 의도 가운데 하나로 꼽힌다. 탈북민이라면 누구나 북한 지역 출신으로서 어느 정도 지역성을 공유한다는 사실을 부인할 수 없다. 그러나 개인의 특성은 또 달라서 어느 탈북민도 다른 탈북민과 완벽하게 똑같은 속성을 지닌 사람으로 존재하거나 살아갈 수 없는 일이다.[53] 이 말은 곧 연구자가 탈

---

53 간혹 탈북민의 특성을 몇 개 유형 정도로 분류할 수 있는지 질문하는 사람들을 만난다. 이런 질문을 받을 때마다 나는 당해 연도까지 국내에 입국한 탈북민 숫자를 제시하면서 정확하게 그 숫자에 부응하는 만큼 탈북민의 특성을 유형화할 수 있다고 답변하곤 한다. 예를 들어 2021년 12월 기준으로 탈북민의 유형은 33,400개 유형 정도가 나온다고 대답

북민을 대상으로 연구하면서 이들이 지나온 삶의 여정을 자료로 수집하고 그 내용을 분석할 때 이 집단의 구성원이 공유하는 공통성과 각 개인의 개별적인 특성을 동시에 파악해야 할 필요가 있다는 것을 의미한다. 바로 이런 상황을 치밀하고 촘촘하게 서술하는 것이야말로 이 책을 기획한 의도 가운데 하나라 하겠다.

문제는 탈북민의 집단성과 개별성을 구분하여 자료를 수집하고 관련 내용을 분석하는 것이 결코 쉬운 일이 아니라는 점이다. 무엇보다 심층면담 대상자 스스로 자신에게 익숙한 속성을 탈북민이 모두 공유하는 집단성으로 주장하는 경우가 흔하게 나타난다. 탈북민 스스로 이렇게 주장하는 경우가 많으니 관련 정보에 충분히 익숙하지 않은 연구자의 관점에서는 심층면담 대상자 개인의 특성과 탈북민의 집단성을 구분하여 그 실체를 간파하는 것 자체가 만만치 않은 일이다. 심층면담에 참여하는 탈북민이 의도적으로 거짓말을 한다는 뜻이 아니라 실제로 자신은 그렇게 믿고 있으면서 확신에 찬 표정으로 발언하는 경우가 많아 연구자가 미리 쌓아놓은 경험자산이 없거나 부족하면 이들의 이야기를 듣고 혼동을 일으킬 가능성이 농후하다는 의미로 받아들여야 할 것이다.

한다는 뜻이다. 이 말은 곧 탈북민 한 사람의 사연이 곧 하나의 유형을 이룬다는 뜻을 나타내고자 하는 의미를 담고 있다고 하겠다.

예를 들어 이른바 째포라고 부르던 북송재일동포가 북한에서 차별을 받았는지 질문했을 때 답변은 면담 대상자의 특성에 따라 아주 다르게 나타난다. "그런 일 없나, 예전에는 그랬는지 모르겠지만 이제 세월도 많이 지났고 그들을 차별하는 일 없다" 하고 주장하는 사람도 있지만 "일본놈 차별을 피해 조국이라고 찾아갔더니 거기서는 째포라고 부르면서 간첩 취급을 했고 성분이 나쁘다고 발전을 완전히 막아버리는 등 뼈저린 차별을 받았다" 하는 경험담을 털어놓는 사람도 있었다.[54] 심층면담 대상자가 이렇게 서로 다른 의견을 제공해 줄 때 이들이 말하는 내용의 의미를 정확하게 파악하고 필요한 부분을 잘 포착해서 구체적으로 서술하는 능력을 갖추는 일 자체가 결코 쉬운 일이 아니라고 하겠다. 연구자로서 정교함과 치밀함을 다 갖추고 심층면담을 진행하지 않는 한 이런 작업을 원활하게 감당해 낼 수 없다고 감히 단언하고 싶다.

심층면담 대상자로 만나 이야기를 나누었던 탈북민 중에서는 끼니를 거르다가 도저히 더 견딜 수 없는 지경에 이르러 할 수 없이 두만강을 건넌 생계형 탈북민이 있는가 하면 집안 성분도 좋았고 경제적으로 넉넉했기 때문에 먹고 사는 문제로 걱정해 본 일은 전혀 없지만 자신의 꿈을 펼치지 못하도록 옭아매는 북한

---

54 김석향 (2021), 『탈북 북송재일동포의 세 토막 인생살이: 조센징, 째포, 탈북민』, 서울: 도서출판 선인.

의 현실이 답답해서 탈출한 유형도 있다. 북한을 벗어나면 아는 사람 한 명도 없는 상태에서 혼자 힘으로 탈북한 사람이 있는 반면에 이미 부모나 자녀, 가까운 친척이나 이웃이 먼저 한국에 입국해서 생활 기반을 닦아놓은 뒤 브로커를 보내 편안하게 떠나온 연고형 탈북민도 드물지 않았다. 자신의 꿈과 희망을 따라 북한을 떠난 사람도 있지만 시간이 흐르면서 점차 자녀의 미래를 위해 탈북한 사람도 늘어났다. 간혹 치료할 수 없는 병에 걸려서 어차피 북한에서 그냥 죽느니 차라리 한국에 가서 치료라도 받고 "불쌍했던 인생에 한이라도 남기지 않으려고" 탈북을 감행했다는 사람도 만날 수 있었다.

같은 탈북민이라고 해도 사람에 따라 이렇게 탈북 동기가 다양한 만큼 이들이 각자 자신의 관점에서 북한당국을 비판하고 북한에서 살았던 시절을 평가하는 현실은 어쩌면 당연한 결과라고 하겠다. 문제는 이렇게 하나의 극단에서 또 하나의 극단으로 치닫는 평가를 어떻게 서술할 것인가 하는 점이다. 이 책에서는 바로 이렇게 똑같기도 하고 서로 다르기도 한 탈북민의 집단성과 개별성을 모두 포착해서 촘촘하게 서술하는 것을 목표로 삼는다. 다시 말해서 탈북민이라고 해서 모두 하나의 범주로 묶으려 하는 관습에서 벗어나 개인의 특성에 따른 차이를 자연스럽게 드러내려 하는 것을 이 책의 목표로 삼으려 한다는 뜻이다. 탈북민 집단의 구성원이 공유하는 집단성을 분명하게 지적하되 그 속에서 개인으로 존재하는 탈북민의 개별성을 선명하게 드러내는 방향으로 전체적 내용을 서술하는 것이 이 책에서 추구하는 방향이었다고 하겠다.

2) 구성 순서

이 책은 제1부에서 탈북 현상을 역사로 기록할 수 있을까 하는 의문으로 시작하였다. 제1부에서 먼저 탈북자와 탈북민, 북한이탈주민이라는 개념을 구분하여 소개하고 그 이외에도 다양한 용어가 등장하는 현실을 설명하면서 기본적으로 이 책에서는 북한을 탈북한 사람을 가리켜 탈북민으로 호칭하려는 이유가 무엇인지 제시해 놓았다. 그리고 이 책에서 어떤 자료를 활용하고 있는지 그 수집 방법과 특성을 서술하면서 질적 연구 방법의 장점이 무엇인지, 질적 연구 방법으로 확보한 자료의 객관성을 확보하기 위해 어떤 방식으로 노력했는지 서술하였다. 그리고 이 책의 기획 의도와 구성 순서를 제시하면서 제1부 내용을 마무리하였다.

제2부에서는 탈북 현상에도 시대적 흐름이 나타날까 하는 의문으로 출발하였다. 이 부분에서는 무엇보다 시간의 흐름에 따라 탈북민 규모가 어떻게 달라져 왔는지 관찰하고 그 의미를 분석하는 일부터 먼저 시작하였다. 그 이후에는 오늘날 국내에 거주하는 탈북민 중에서 여성이 무려 72% 수준을 차지하는 현상의

배경에 어떤 일이 있었는지 역사적으로 고찰하려 노력하였다. 제2부의 마지막 부분에서는 탈북 유형을 생계형과 연고형, 질병치유형, 유학형, 도피형, 실수형, 납치형, "투사형," 기획형 등으로 구분하고 그 이외에 기타 유형까지 포함하여 각각의 특징을 개략적으로 설명하였다. 또한 판문점이나 군사분계선은 물론이고 해상 탈북, 해외 탈북 등 상대적으로 소수의 사람이 선택했던 탈북 경로와 비교적 다수의 사람이 선택했던 중국–몽골, 중국–동남아시아–태국 경로를 구분하여 각각 어떤 특징을 나타내는지 설명하는 것으로 제2부를 정리하였다.

제3부는 탈북민의 인생 역정을 다시 구성해 보면서 "지상낙원" 탈출 이후, 이들은 과연 행복했을까 하는 의문에서 시작하였다. 사실 제3부는 근본적으로 탈북민이 "목숨을 건" 탈북이라는 행위를 통해 행복해진 것일까 하는 질문을 바탕에 깔고 시작하였다. 그 이유는 심층면담을 진행하는 과정에서 이들이 막상 국내에 입국한 이후 "차별 때문에" 그다지 행복하지 않다는 심경을 토로하는 경우가 많았기 때문이었다. 실제로 제3부에서는 탈북민이 무사히 국내에 입국한 이후 어떤 점에서 불행함을 느끼는지 면담 자료를 토대로 정리해 보았다. 이들이 호소하는 불행한 현실은 아마도 탈남이나 재입북 현상을 만들어내는 원인으로 작용하지 않을까 싶어 그런 양상도 정리해 두었다. 재미있는 사실은 이렇게 여러 가지 논거를 들어 자신의 불행함을

호소하던 탈북민도 마지막에 북한을 벗어나 탈북한 일이야말로 정말 잘한 일이었다고 결론을 내리는 경우가 많이 나타난다는 점이었다.

이 책의 결말 부분인 제4부는 탈북이 새로운 출발 지점이 될 수 있을까 하는 질문으로 글을 시작하였다. 간혹 국내에 들어와서 한동안 지내던 탈북민 중에서 어떤 사람이 영국이나 캐나다, 호주에서 난민 신청을 한다는 소문이 이어지던 시절이 있었다. 그런가 하면 어떤 사람은 북한으로 돌아갔다는 이야기도 흘러나오고 그렇게 입북했다가 다시 탈북했는데 이번에는 가족을 동반해서 나왔다 하는 소문이 들리기도 한다. 이보다 더 중요한 사실은 34,000명 규모의 탈북민은 대부분 오늘도 다양한 모습의 한국인으로 자신의 역사를 새롭게 기록하고 있다는 점이라 하겠다. 이 말은 결국 이들의 탈북 여정은 북한을 벗어나 국내에 입국한다고 해서 종결할 수 있는 것이 아니며 그 이후에도 삶이 이어진다는 사실을 드러내 준다. 그런 의미에서 이 책의 마무리 부분인 제4부는 탈북이 끝이 아니라 새로운 시작의 첫머리로 만들어 가면서 그 과정을 우리의 역사로 기록할 필요성을 제기하는 것으로 결론을 대신할 예정이다.

제2부

탈북 현상에도
시대적 흐름이 나타날까?

탈북 현상에도 시대별 흐름에 따라 달라지는 면이 나타나는 것일까? 누군가 이렇게 질문한다면 단연코 그렇다고 답변하는 것이 당연하다고 나는 생각한다. 개인적으로 지난 1997년에 통일부 국립통일교육원 교수로 임용이 된 이후 줄곧 탈북민과 만나 대화를 나누고 이들을 대상으로 다양한 방면에 걸쳐서 심층 면담을 진행했던 경험을 종합해 보면 탈북 현상에는 분명히 누구도 부인할 수 없는 시대별 변화 양상이 뚜렷하게 드러난다고 생각하게 되었다. 이 부분에서 관련 내용을 세분하여 설명해 보고자 한다.

1. 시대별 탈북민 규모의 변화

2021년 12월 말 기준으로 국내에 입국한 탈북민의 규모는 33,816명 수준에 이른다. 연도별 탈북민의 국내입국 현황은 다음 [표 1] 내용에 나온다.

[표 1] 연도별 북한이탈주민 국내 입국 현황[1]

연도	입국 인원 (명)	누적 인원 (%)	연도	입국 인원 (명)	누적 인원 (%)	연도	입국 인원 (명)	누적 인원 (%)
~1969	485	485	1999	149	1,097	2011	2,706	23,107
1970	59	544	2000	312	1,409	2012	1,502	24,609
1980	63	607	2001	583	1,992	2013	1,514	26,123
1990	10	617	2002	1,141	3,133	2014	1,397	27,520
1991	9	626	2003	1,285	4,418	2015	1,275	28,795
1992	8	634	2004	1,898	6,316	2016	1,418	30,213
1993	8	642	2005	1,384	7,700	2017	1,127	31,340
1994	52	694	2006	2,028	9,728	2018	1,137	32,477
1995	41	735	2007	2,554	12,282	2019	1,047	33,524
1996	56	791	2008	2,803	15,085	2020	229	33,753
1997	86	877	2009	2,914	17,999	2021	63	33,816
1998	71	948	2010	2,402	20,401	합계	33,816	

1 통일부〉주요사업〉북한이탈주민정책〉현황〉최근 현황, https://www.unikorea.go.kr.

[표 1] 내용을 근거로 한 해 동안 국내에 입국했던 탈북민의 숫자가 처음으로 100명을 넘어선 시점은 세기말이었던 1999년이라는 사실을 파악할 수 있다. 1945년 분단 직후 및 6.25 전쟁 기간 등 북한지역 거주민이 대규모로 피난을 내려온 경우를 제외하면 1999년 이전까지 한 해 동안 탈북민이 100명 이상 국내로 들어 온 일은 한 번도 없었다. [표 1] 내용을 보면 1990년 이후 몇 년 동안 해마다 국내로 들어오는 탈북민의 규모는 10명 내외 수준을 기록하다가 북한의 지도자 김일성이 사망했던 1994년에는 그 숫자가 50명 정도로 급증하는 것으로 나타난다.

이 정도 숫자만 해도 당시에는 충분히 충격적으로 느껴질 정도의 규모였던 것 같다. 실제로 1990년 이전에는 한 해 동안 국내로 입국하는 탈북민이 10명에도 미치지 못하는 수준이었다. 1980년 이후 1989년에 이르는 10년 동안 국내로 입국한 탈북민을 다 합쳐도 63명이었고 그 이전에 1970년-1979년 기간에는 59명이 들어왔을 따름이었다. 상황이 이러하다 보니 1990년대 중반을 전후하여 국내로 입국하는 탈북민 규모가 갑자기 늘어나는 현상에 주목해서 대비해야 한다고 주장하는 의견이 나오기도 했다.[2]

---

2 관련 내용은 김병로 (1994), 도준호 (1994), 이온죽 (1994) 등을 통해 확인할 수 있다.

그런데 1999년에 처음 100명을 넘어선 이후 국내에 입국하는 탈북민의 규모는 해마다 빠르게 늘어나기 시작했다. 그러다가 2003년에 이르면 마침내 한 해 동안 1,000명이 넘은 탈북민이 국내에 들어오는 기록을 처음 달성하게 된다. 그 뒤 2006년에 이르러 한 해 동안에 2,000명이 넘는 탈북민이 국내로 입국하는 상황이 발생했다는 사실은 [표 1] 내용을 통해 확인할 수 있다.[3]

1999년에 처음 100명이 넘는 탈북민이 한 해 동안 국내에 입국할 정도가 될 때까지 몇십 년이 걸렸는데 불과 3-4년마다 1,000명을 넘고 또 2,000명을 넘어서면서 빠르게 그 규모가 늘어나던 시기가 바로 2000년 이후 10여 년에 이르는 기간이었다. 그런데 2009년에 2,914명의 탈북민이 국내에 입국하는 기록을 달성하면서 정점을 찍은 뒤[4] 이렇게 빠르게 성장하던 추세는

3 물론 [표 1] 내용에 나타나는 숫자가 곧 연도별로 북한을 탈출하는 사람들 규모를 알려주는 것이 아니라는 사실은 분명히 기억해 둘 필요가 있다. 사실상 해마다 북한 지역을 탈출하는 탈북민이 어느 정도 규모인지 정확하게 파악해서 발표하는 기관은 없다. 북한이나 중국은 탈북 현상과 직접적인 관련이 있는 당사국이지만 지금까지 단 한 번도 탈북민 규모를 공식적으로 발표하지 않았다. 그런 의미에서 매년 연말 대한민국 통일부에서 국내 입국 탈북민 규모를 발표하는 [표 1] 같은 자료는 현실적으로 그 해에 얼마나 많은 사람이 북한을 탈출했는지 추정할 수 있는 유일한 기준점이라고 생각한다.

4 2009년 11월 30일 북한당국은 제5차 화폐개혁을 단행했다. 12월 6일까지 딱 일주일 동안 한 세대당 구화폐 10만 원을 신화폐 1,000원으로 교환해 주는 조치를 시행했다. 당시 화폐개혁은 이른바 고난의 행군 이후 장사를 통해 어느 정도 돈을 모은 북한주민에게 정말 "날벼락 같은" 일이었다. 고난의 행군 이후에는 큰 규모가 아니라 장마당에서 소소한 생

하강 국면으로 돌아선다. 특히 지금의 젊은 지도자 김정은이 그 아버지 김정일의 갑작스러운 죽음 이후 30세도 안되는 나이로 권력을 장악한 시점이었던 2012년에는 국내에 입국하는 탈북민의 규모가 바로 그 전년도인 2011년에 비해서 2/3 수준으로 급격하게 줄어들었던 것으로 나타난다.[5]

그 뒤에 연도별 국내 입국 탈북민의 규모는 꾸준히 줄어들었다. 그러다가 이른바 코비드 19, 코로나 등 다양한 명칭으로 알려진 집단 감염병 사태가 널리 퍼진 2020년 한 해 동안 국내에 입국한 탈북민 규모가 229명에 불과한 수준으로 쪼그라들었다.[6] 바

필품 장사를 하는 집이라 해도 대략 북한 돈 200만 원-300만 원 정도는 가지고 있는 경우가 많았는데 한 세대당 구화폐 10만 원까지 한정하여 신화폐로 바꿔준다고 하니 결국 나머지 돈은 다 "물이 되어 버린" 상황이나 마찬가지였다고 말하는 사람이 많았다. 심층면담 대상자 중에서 당시 북한주민들 모두 망연자실한 상태로 구화폐를 불태우거나 강물에 버리는 일도 많았고 노인들이 "집안에 입 하나 덜려고" 자살을 감행하는 비율도 급격하게 늘었다고 호소하는 사람이 드물지 않았다. 사실 자살을 최고지도자의 통치를 거부하는 반동행위로 해석하여 엄격하게 금지하는 북한에서 노인자살의 비율이 급격하게 늘었다는 증언이 쏟아져 나오는 것은 그 자체로 당시 평범한 북한주민의 생활 현황이 얼마나 힘들었는지 알려주는 징표라고 생각한다.

5 2011년 12월 말 기준으로 그 해에 국내로 입국한 탈북민은 2,706명인데 김정은이 집권한 첫 해인 2012년에는 그 숫자가 1,502명으로 뚝 떨어지는 현상이 나타났다. 당시 상황을 전달하면서 동아일보 권오혁·김호경·주성하 기자는 2015년 9월 26일자 기사에서 새로 집권한 젊은 지도자 김정은이 탈북 행렬을 막으려고 북중국경지역의 감시 수준을 한층 높이면서 "도주하는 탈북자를 즉각 사살하라" 하는 지시를 내렸다고 소식을 전하기도 한다.

6 2020년 한 해 동안 국내 입국 탈북민 규모가 이렇게 급감한 이유는 무엇

로 다음 해인 2021년에는 국내에 입국한 탈북민 숫자가 63명으로 더 줄어들어 마치 1999년 이전 수준으로 다시 돌아간 것 같은 상상을 보여주기도 했다.

김정은이라는 젊은 지도자가 2011년 12월에 사망한 자신의 아버지 김정일의 뒤를 이어 집권한 이후에 갑자기 국내로 입국하는 탈북민의 숫자가 이렇게 줄어드는 이유는 무엇인가? 2020년 이후 심각할 정도로 줄어든 국내 입국 탈북민의 규모는 앞으로 대규모 감염병 사태가 가라앉은 이후에는 예전처럼 다시 늘어날 수 있을 것인가?

사실상 누구도 이런 질문에 정확한 답변을 제시할 수 없는 상황이라고 생각한다. 그러나 이미 대한민국에 입국한 탈북민은 34,000명 규모에 이르렀고 이들은 오늘도 이 땅의 구성원으로 일상생활을 영위하며 살아가고 있다는 사실에 주목하여 관련 자료를 수집하고 현상을 분석하여 기록으로 남기는 일은 언제나 그렇듯이 지금도 쉬지 않고 반드시 해야 하는 작업이라고 생각한다.

인지 명확하게 분석하는 것은 이 책의 범주를 넘어서는 일이라고 생각한다. 그러나 심층면담 대상자 중에서는 2019년 11월 7일, 판문점에서 발생한 이른바 "귀순 어민 강제북송" 사건의 여파가 크다고 주장하는 사람이 있었다. 그 이외에도 북한당국이 2020년 초반부터 코로나 방역 강화를 목적으로 북한과 중국 사이의 국경지역을 철저하게 봉쇄하여 북한주민의 탈출을 원천적으로 줄어든 영향도 크게 작용했을 것이라고 생각한다.

2. 성별 탈북 현상의 특징과 그 영향

지금까지 연도별 국내 입국 여성 탈북민의 규모는 어떻게 변화해 왔을까? 다음에 제시할 [표 2] 자료를 통해 매해 국내에 입국하는 여성 탈북민의 규모를 탐색할 수 있다.

재미있는 사실은 한 해 동안 국내에 입국하는 여성 탈북민의 비율이 50% 수준을 넘어서는 시점이 바로 2002년이라는 점이다. 이 말은 곧 2002년 이전까지 국내에 입국하는 탈북민은 주로 남성이었다는 뜻이다. 돌이켜 보면 2002년은 한 해 동안 국내에 입국하는 탈북민 규모가 처음으로 1,000명을 넘어섰던 바로 그 해이기도 하다. 탈북민이 걸어 온 행적을 역사로 기록하려 할 때 2002년은 여러모로 중요한 의미를 지니는 시간이라 하겠다.

[표 2] 자료를 통해 확인해 볼 수 있는 것처럼 대한민국 통일부가 국내에 입국하는 탈북민 규모를 연도별로 성별 변수에 따라 분류하여 발표하기 시작한 시점이 1995년이었다. 말하자면 그 이전까지 탈북민의 입국 규모를 성별 요인에 따라서 구분할 필요가 없을 정도로 탈북 현상 자체가 남성의 전유물이었다는 사실을 방증해 주고 있다고 하겠다.

[표 2] 연도별 여성 탈북민의 국내 입국 현황[7]

연도	여성 인원 (명)	여성 비율 (%)	연도	여성 인원 (명)	여성 비율 (%)	연도	여성 인원 (명)	여성 비율 (%)
1995	6	14.63	2005	960	69.36	2015	1,024	80.31
1996	13	23.21	2006	1,513	74.61	2016	1,116	78.70
1997	30	34.88	2007	1,981	77.56	2017	939	83.32
1998	18	25.35	2008	2,195	78.31	2018	969	85.22
1999	59	39.60	2009	2,252	77.28	2019	845	80.71
2000	126	40.38	2010	1,811	75.40	2020	157	68.56
2001	289	49.57	2011	1,911	70.62	2021	23	36.51
2002	625	54.78	2012	1,098	73.10	합계	24,280	
2003	811	63.11	2013	1,145	75.63			
2004	1,272	67.02	2014	1,092	78.17			

그렇지만 2002년 한 해 동안 국내 입국하는 여성 탈북민의 비율이 일단 50% 수준을 넘어선 이후에는 그 상황이 빠르게 달라졌다. 2006년에는 국내에 입국한 여성의 비율이 74.6% 수준을 기록했다. 한 해 동안 국내에 입국하는 여성의 비율이 50% 수준을 넘은 뒤 불과 4년이 지난 시점에서 무려 75% 가까울 정도로 급격하게 늘어났다는 것을 알 수 있다. 그 이후 2019년에

7 통일부 www.unikorea.go.kr 자료를 활용하여 연도별 여성 탈북민의 국내 입국 현황을 재구성하였다.

이를 때까지 연도별로 국내 입국하는 여성 탈북민의 비율이 70% 이하로 떨어진 일이 한 번도 없었다. 비록 2020년과 2021년에 여성 탈북민의 비율이 각각 68.6% 및 36.5% 정도로 급격하게 낮아졌지만[8] 2022년 현재 시점에서 지금도 여전히 국내 거주 탈북민 중에서 여성의 비율은 70% 이상으로 나타난다.

남성 탈북민이 많았던 시절과 여성 탈북민이 절대적 다수를 차지하는 시절, 이들의 정착 과정에서 어떤 사회적 현상이 발생하는 것인가? 탈북민 정착 과정에서 여성이 많은 경우와 남성이 많은 경우에 우리 사회가 정책적으로 대응해야 하는 양상이 어떤 점에서 같고 또 어떤 점에서 달라야 하는가? 이런 내용을 지금부터 간략하게 서술해 보고자 한다.

1) 남성 탈북민이 많았던 시절

1990년 이전까지 국내에 입국하는 탈북민은 대부분 북한의 인민군 출신 젊은 남성으로서 이른바 귀순 용사로 대접을 받

---

8 김정은 집권 이후 탈북 비용이 급격하게 치솟아서 북한을 벗어나는 일 자체가 어려워졌다는 이야기는 지속적으로 나왔다. 특히 북한당국이 대규모 감염병 사태로 북중국경지역을 철저하게 봉쇄한 2020년 이후에 탈북 비용은 감당하기 어려운 수준에 이르렀다는 것이 정설이다. 그런데 이렇게 탈북 비용이 치솟아 오르자 국내로 입국하는 여성 탈북민의 비율이 급격하게 낮아지는 양상을 드러낸다. 앞으로 이 상황을 면밀하게 지켜보며 그 이유가 무엇인지 분석하는 노력이 이어져야 할 것이다.

았다. 그러다가 1990년 전후로 구(舊) 소련의 해체와 동유럽 사회주의 국가들 체제 전환 과정에서 그 이전의 귀순 용사와 다른 유형이 청장년층 남성이 탈북하여 국내로 입국하는 상황이 계속 이어졌다. 당시 국내로 들어온 탈북민 중에는 러시아 벌목공 출신과 동유럽 사회주의 국가 여러 곳에서 공부하던 유학생이 많았다.

이들의 공통점은 모두 북한당국이 발행해 준 여권을 발급받아 공식적으로 출국하여 해외에 거주하다가 그 지역에서 탈북을 감행했다는 것이었다. 해외에서 탈북하는 남성 중에 북한에서 결혼했지만 배우자와 자녀를 두고 온 사람도 있었고 미혼인 상태로 넘어오는 경우가 많았다. 이들은 탈북한 뒤 국내로 입국할 때 혼자 들어온다는 점에서 공통점을 지닌다.

이렇게 홀몸으로 국내에 입국한 젊은 남성 탈북민은 머지않아 주변의 적극적 소개와 권유로 결혼함으로써 원활한 정착을 도모하는 경우가 드물지 않았다. 이들이 비록 정착 생활에 도움을 얻을 목적으로 결혼하려 했던 것은 아니라고 해도 낯선 땅에서 자리를 잡는 과정에 어려운 일이 생기면 아내와 처가 식구들 인맥을 통해 서로 도움을 주고받는 경우가 많았다. 비록 의도했던 것은 아니라 해도 탈북한 젊은 남성이 혼자 국내로 입국한 뒤 결혼을 통해 인맥을 구축하는 일이 흔했던 당시 상황은 결과적으로 탈북민의 정착을 지원해야 하는 담당부서와 해당 부서 공무원의 업무 부담을 크게 덜어주는 결과를 낳았다. 이런 일은 사실상 자연스러운 귀결이라 생각한다. 그런데 2002년 이후 여성 탈북민 규모가 빠르게 늘어나면서 이런 상황은 완전히 달라졌다.

2) 여성 탈북민이 많은 시절

2002년 이후 매년 국내로 입국하는 여성 탈북민의 비율은 급속하게 높아졌다.[9] 여성 탈북민의 비율이 높아지고 이들의 숫자가 빠르게 늘어나면서 임신과 출산에 따른 변동성이 많아지는 것은 지극히 당연한 결과이며 충분히 예측할 수 있는 상황이라 하겠다.

그런데 여성 탈북민은 자신이 홀로 국내에 입국하여 안전하게 정착하는 수준에서 만족하지 않았던 것으로 보인다. 대다수 여성 탈북민은 국내로 입국하는 순간부터 열심히 돈을 벌어서 북한이나 중국에 남겨 두었던 자녀를 비롯하여 형제와 자매, 부모, 남편 등을 차례로 불러들이는 일이 많았다. 이런 현상이 발생할 것을 예상하고 대비해야 하겠지만 현실에서 이런 상황에 대처하는 것은 결코 쉬운 일이 아니다.

9 물론 2020년과 2021년에는 국내에 입국한 여성 탈북민의 비율이 줄어든 것으로 나타난다. 그렇지만 아직도 국내에 입국한 전체 탈북민 중에서 여성의 비율은 70% 수준을 넘는 것으로 나타난다.

무엇보다 국내에 입국하는 여성 탈북민의 비율이 빠르게 늘어나면서 정착 지원 업무의 유형은 예전과 비교할 수 없을 정도로 다양해진 것으로 나타난다. 탈북민 정착 지원 업무 담당자는 임신과 출산 과정에서 여성 탈북민을 직접 지원하는 일 이외에도[10] 이들의 교육과 취업부터 영유아기 자녀 양육과 보육, 학령기 아동의 교육, 청소년기 자녀와 부모의 갈등 해소, 자녀의 대학 진학 및 취업, 노인 돌봄 등 다양한 항목을 다루게 되었다.

사실상 이런 문제는 여성 탈북민 규모가 늘어나면서 어느 정도 예상할 수 있었을 것이고 그에 따른 대응 방안도 준비해 놓았으리라고 생각한다. 그렇지만 탈북민의 정착 지원을 담당하는 부서는 물론이고 해당 업무를 관장하는 직원의 관점에서는 평소에 아무리 열심히 준비하며 미리 대응책을 마련해 두어도 소용이 없다는 느낌이 들었을 것 같다. 어느 날 갑자기 전혀 예상할 수 없는 문제가 수시로 터져 나오는 일이 많아서 도저히 감당하기 힘든 상황이 이어질 따름이었다는 것이 이들의 하소연이었다.

한 걸음 더 나아가 여성 탈북민 가운데 북한을 떠난 이후 중국에서 자신도 모르는 사이에 "팔려 간 뒤" 결혼생활을 하면서 자

---

10 하나원 창설 초창기부터 근무했던 직원들 사이에서는 여성 탈북민이 사용할 생리대와 속옷, 기저귀와 분유, 산후조리용 미역까지 조달하는 업무와 관련하여 다양한 경험담이 오고 가기도 했다.

녀를 출산했던 사람이 많다는 사실은 이들의 정착 지원 정책을 입안하고 시행하는 과정을 한층 더 복잡하게 만들어주는 요인이 되기도 했다. "하늘이 도와 한 번도 팔려 가는 일을 겪지 않았던" 여성은 물론이고 딱 한 번 팔려 간 집에서 중국을 떠날 때까지 비교적 평온하게 살면서 자녀를 출산하여 양육하다가 국내로 입국한 여성이 원하는 정책적 수요는 중국에 사는 동안 주변 사람 신고로 공안에 잡혀 북한으로 끌려갔다가 다시 탈북한 뒤 국내로 입국한 여성이나 중국에서 여러 차례 팔려 다니며 각각 다른 지역에서 아이를 출산한 여성이 희망하는 정책적 수요와 그 결이 다를 수밖에 없었다. 문제는 탈북민 정착 지원 예산과 인력의 한계가 뚜렷한 상황에서 이렇게 서로 결이 다른 정책적인 수요에 개별적으로 세심하게 대응한다는 것 자체가 현실적으로 불가능한 경우도 많았다는 점이라고 생각한다.

그 와중에도 여성 탈북민 상당수는 돈을 벌어 북한과 중국에 두고 온 가족에게 보내거나 그들을 한국으로 데려오겠다는 목표를 세워 바쁘게 움직이느라 자신을 돌보거나 장기적으로 발전을 도모하는 길은 포기한 채 한 푼이라도 더 준다는 곳이 있으면 쉽사리 직장을 옮기는 일을 서슴지 않고 선택하는 경우가 많았다. 상황이 이러하니 이들의 정착을 지원하는 정책이 제대로 효과를 발휘할 수 없는 것은 사실상 당연한 귀결이라 하겠다.

수많은 여성 탈북민이 북한을 탈출하는 과정은 물론이고 탈북 이후에도 여러모로 힘든 일을 겪는다. 그런데 이들이 막상 자신을 돌볼 여유가 없이 오로지 돈을 벌겠다는 일념으로 바쁘게 움직이는 생활에 시달리는 경우가 많으니 이들의 정착 지원에 필요한 정책을 개발한다고 해도 그런 기회가 제대로 활용이 되지 않았던 것으로 나타난다. 게다가 여성 탈북민이 서둘러 돈을 벌어 전달하려 하는 경우가 많다 보니 중간에 전달하는 브로커에게 속는 일도 비일비재했다. 심지어 아이에게 쓰라고 돈을 보냈는데 막상 그 아이는 제대로 보호도 받지 못한 채 험한 세월을 견디느라 엄마를 원망하다가 나중에 만났을 때 심각한 갈등을 일으키는 사례가[11] 나타나기도 했다.

최근에는 고난의 행군 직후 살아갈 길이 막막해서 남보다 먼저 북한을 탈출했던 여성 탈북민의 자녀가 대한민국 국내에서 대학에 진학하려 할 때 출생 지역에 따라 서로 다른 혜택의 대상이 되는 일을 둘러싸고 보이지 않는 갈등이 발생하는 일도 많다.

---

11 여성 탈북민을 대상으로 심층면담을 진행하는 과정에서 애써 돈을 모아 북한이나 중국에 두고 온 자녀를 국내로 데려왔는데 잠시 반가운 시간이 지나고 나면 "언제는 버리고 가더니 이제 와서 왜 찾느냐" 하는 원망을 쏟아낸다고 하소연하는 경우가 많았다. 반면에 그리운 마음에 자녀를 데려와 같이 살려 했던 여성 탈북민도 어느 순간 자녀의 모습에서 자신을 학대하던 남편의 얼굴이 떠올라 괴롭다고 토로함으로써 양가감정에 시달리는 자신의 상황을 하소연하기도 한다. 이런 상황에서 결국 사춘기 자녀와 갱년기 어머니의 충돌이 심각하게 나타나는 경우가 많았다.

여성 탈북민이 북한을 탈출하기 전 북한에서 출산한 자녀는 그 자신도 탈북민이라서 규정상 대학입학 특례의 대상이 된다. 그렇지만 동일한 여성이 출산한 자녀라도 해도 그 출생 지역이 중국과 한국이라면 특례 입학의 혜택을 똑같은 수준으로 누릴 수 없는 것은 분명한 현실이다. 혜택이 없는 것은 아니지만 명백하게 차등을 두고 있다는 뜻이었다.

문제는 이런 상황이 규정상 어쩔 수 없는 결과라고 하더라도 어머니인 여성 탈북민의 관점에서 볼 때 불합리하고 혼란스러울 따름이라는 것이다. 똑같이 자신이 출산한 자녀인데 한 아이는 정원 외 특례입학 혜택을 받아 좋은 대학에 다니고 다른 아이는 같은 특례입학의 대상자라고 해도 정원 내 특례대학이라 자칫 좋은 대학에 들어갈 엄두도 내지 못하는 복잡한 현실은 이해하기도 어렵고 쉽게 납득하기도 어려울 일이라 하겠다.

이런 결과는 탈북민 지원정책을 수립할 때 미처 예상하지 못했던 문제가 시간이 지나면서 불거진 탓에 나타나는 부작용이라 하겠다. 2002년 이후 매년 국내로 입국하는 여성 탈북민의 비율이 가파르게 올라가는 상황은 정착 지원의 대상을 태아부터 노인에 이르도록 순식간에 늘려 놓았지만 이런 상황에 대응하여 정책적 지원을 효율적으로 진행하지 못했던 결과인 것 같다. 물론 탈북민 집단 내부에서도 성별이나 연령, 학력, 직업, 출신성분, 북한 내 거주 지역 등 주요 독립변수에 따라서 우선순위를 두고 제공해야 하는 정책적 돌봄의 내용이 너무 다양하여 정책 담당자가 효율적으로 대응하기 어려운 측면은 분명히 있었다. 이런 상황은 남성 탈북민이 혼자 국내에 입국하여 정착하는 과정에서 발생하지 않았던 일로 아주 뚜렷한 차이를 드러낸다고 하겠다.

3. 탈북의 유형화

탈북민의 특성을 몇 개 유형으로 분류하는지 질문하는 사람이 많았다. 이들은 어떤 기준에 기반을 두고 탈북민의 특성을 몇 가지 유형으로 분류한다는 답변을 기대하고 있는 것으로 보인다. 그런데 나는 지금까지 이런 질문을 받을 때마다 해당 시점을 기준으로 국내에 입국한 탈북민의 숫자만큼 이들의 특성을 유형화할 수 있다는 답변으로 응수하곤 했었다.

굳이 이런 방식으로 답변을 했던 이유는 두 가지로 정리할 수 있다. 첫째, 한 사람, 한 사람의 탈북민 사연이 비슷하면서도 다른 면모가 많아서 유형화를 시도하는 것 자체가 어려운 일이라는 사실을 알리고 싶었다. 둘째, 무엇보다도 이들이 모두 탈북민 집단의 구성원으로서 집단성을 지니고 있으면서도 이와 동시에 각자 개인의 관점에서 독특한 경험을 했던 존재로 개별성을 지니고 있다는 사실을 최대한 선명하게 드러내고 효율적으로 알리는 방안을 모색하는 것이 필요하다고 생각했기 때문이었다.

그렇지만 내가 이렇게 답변했다고 해서 이 말이 곧 탈북민의 특성을 몇 가지 유형으로 구분할 수 없다거나 그런 시도를 하는 것 자체가 소용이 없다는 의미는 아니다. 비록 선명한 유형화는 어렵다고 해도 탈북민을 대상으로 하는 연구를 진행할 때 나름의 방식으로 범주 구분을 시도하는 것은 충분히 의미가 있는 일이다. 이제 그 내용을 서술해 보고자 한다.

1) 생계형 탈북

1990년대 후반, 고난의 행군기를 간신히 벗어나기 시작하는 북한을 탈출하여 중국으로 향하던 여성들은 생계형 탈북을 도모했던 유형으로 분류할 수 있을 것이다. 당시 북한 전역에는 식량이 부족하여 어느 지역을 가더라도 굶주리는 사람으로 넘쳐나던 시절이었다. 꽃제비[12] 아이들이 떼를 지어 몰려다니며 장마당

---

12 꽃제비라는 용어는 아직까지 그 어원이 무엇인지 명확하게 알려진 것이 없다는 의견이 정설이다. 다만 러시아어에서 유랑자나 유랑자 집단이 거처하는 곳을 가리키는 코제비예(KOЧEBЬE) 같은 용어에서 유래했다는 설이 유력하다는 평가를 받았다. 그런데 최근에 들어와 꽃제비 출신 연구자인 김혁 (2019) 논문에서 이 용어는 일제강점기 시절부터 소매치기를 가리키던 용어로 사용해 왔다는 주장을 설파하기도 했다.

매대에서 음식을 훔쳐 먹는 일은 일상으로 자리를 잡았다. 교통의 중심이 되는 도시마다 큰 기차역 주변에는 아침이 되면 굶어 죽은 시체가 즐비했고 그 시체를 수레에 실어 어딘가 집난매상을 하는 일도 드물지 않았다는 이야기가 심층면담 과정에서 끝도 없이 쏟아져 나왔다.[13] 그 와중에 중국과 국경을 마주하고 있는 함경북도와 양강도[14] 지역의 식량 사정은 북한 내 다른 어느 지역보다 훨씬 일찍 더 열악한 사정에 빠져들었던 것으로 알려졌다.[15]

북한의 식량난은 사실 1980년대 들어서면서 시작이 되었다는 것이 심층면담 대상자들 의견이었다. 당시에는 북중 국경지역

---

13 심층면담을 진행하던 도중에 갑자기 눈물을 터뜨리던 초로의 남성이 있었다. 한참 동안 울음을 쏟아내던 그 사람은 자신이 살던 지역 보안서 뒷마당 어디쯤 파보면 사람 뼈가 쏟아져 나올 것이라고 띄엄띄엄 말을 이어갔다.

14 분단 직후 북한의 행정구역은 강원도 북부 이외에 함경남도와 함경북도, 평안남도와 평안북도, 황해도 등 5개 도로 구성이 되어 있었다. 그런데 1954년 이전에 자강도와 양강도를 신설하고 황해도를 황해남도와 황해북도로 구분함으로써 9개 도로 정리한 뒤 오늘날까지 그 체제를 유지해 오는 중이다.

15 심층면담 대상자 증언에 따르면 이미 1980년대 후반 이후 함경북도와 양강도 내 곳곳에서 식량배급이 중간중간 끊어지는 일이 드물지 않았다고 한다. 이 지역은 북한 내 다른 곳보다 훨씬 일찍부터 고난의 행군기를 겪었다는 것이 이들의 주장이었다. 물론 한때 조선의 홍콩이나 조선의 리비아라는 별칭으로 부르던 회령이나 혜산 같은 도시지역은 일찍부터 강을 끼고 중국의 상대방과 밀무역을 통해서 재산을 축적한 사람도 일부 있었지만 그 이외의 지역 주민은 대부분 굶주림에 고통스러운 시간을 보내고 있었다. 특히 도시 지역을 벗어난 농촌과 산촌 지역 주민은 그야말로 아사 직전 상태에 놓여 있었다는 이야기가 많이 나왔다.

일부에서 식량 공급을 제때 하지 못하는 현상이 나타났지만 대체로 곧 회복이 되었기 때문에 큰 문제는 없이 지나갔었다는 것이다. 그런데 1990년 이후 시간이 지나면서 북한 전역에 걸쳐 식량 사정은 점차 더 어려워지고 15일에 한 번 배급을 주던[16] 공급소는 사실상 문을 닫고 운영하지 못하는 상황이 이어졌다. 당시 북한당국은 "나라 사정이 긴장하니[17] 이제부터 위에 손 벌리지 말고 자체로 해결하라" 하는 내용을 자력갱생 구호에 담아 다양한 방식으로 주민들을 교육하고 있었다.

기묘하게도 이 과정에서 북한당국은 매일매일 식구들 밥상에 먹을 것을 올려놓는 일은 온전히 여자가 책임져야 할 몫으로 변모하였다. 북한당국은 자력갱생 구호를 강조하는 이면에서 어느 순간부터 한 집안의 밥상을 책임져야 하는 일은 여자들 몫으로 만들어 버렸다는 것이 심층면담 대상자들 발언이었다. 당국이 배급을 주지 않는 상황에서 식량을 구하고 땔감을 찾아 먹을

16 북한당국이 정해 놓은 식량 공급 기준에 따르면 각 세대는 15일에 한 번씩 해당 세대의 구성원이 받아야 할 분량의 양곡을 배급받아야 한다. 일반적으로 노동자와 사무원은 1일 700그램의 식량을 받도록 정해져 있다. 전업주부에게는 1일 300그램을 제공한다. 정년퇴직에 해당하는 연로보장을 받은 근로자는 재직 중에 특별한 공로를 세우지 않는 한 1일 300그램의 식량을 받는다. 그 이외에 노인과 어린이, 청소년은 각각 연령에 따라서 정해진 분량의 식량을 공급하도록 정해 놓았다.

17 형편이 어렵다는 의미로 북한에서 일반적으로 바쁘다, 긴장하다 같은 표현을 사용한다.

것을 끓여 상 위에 올려놓는 과정까지 모든 일을 여자가 감당해야 하는 상황이 벌어진 일은 다시 돌아보아도 신기한 일이다. 심층면담 대상자 몇몇 사람은 "아무리 어렵고 힘들어도 여자가 똑똑하면 그 집안 식구는 굶어 죽지 않고 살아남는데 여자가 부실하면 어쩔 수 없다" 하는 말로 그 당시 상황에서 여성들이 얼마나 힘들어졌는지 설명해 주었다.[18] 전체적인 상황이 이러하다 보니 자연히 함경북도와 양강도 지역에 거주하던 여성 탈북민은 북한 내 누구보다 먼저 "지상낙원" 탈출에 앞장서서 스스로 살아갈 길을 도모할 수밖에 없었다.

2000년을 전후하여 중국의 동북 3성 지역에서는 북한을 막 벗어난 여성이 자신도 모르는 사이에 어느 집으로 팔려 가는 일이 많았다. 초창기 북한 여성을 사고파는 브로커와 중국인 남성은 대체로 2,000 위안–3,000 위안부터 시작해서 10,000 위안 정도의 가격을 주고받았다.[19] 그런데 시간이 지나면서 "모든 물건

---

18 심층면담에 참여한 여성 탈북민 중에서는 식량을 구하는 것도 어려웠지만 그보다 땔나무를 구하는 일은 정말 힘들었다고 하소연하기도 했다. 당시에는 땔감으로 쓸 나무를 구하려고 20리나 30리 길 정도 걸어다니는 것은 보통 있었던 일이라고 이들은 말했다.

19 당시 중국인 남성이 브로커를 통해 돈을 주고 여성 탈북민을 사려고 했던 이유는 1970년대 중반 이후 2016년까지 중국 정부가 공식적으로 유지해 온 한 자녀 정책의 여파로 빚어진 결과라고 봐야 한다. 그 오랜 세월 동안 중국 정부가 한 자녀 정책을 혹독하게 추진했기 때문에 딸보다 아들을 선호하는 중국인의 정서상 수많은 여자아이는 출생과 동시에 사망하는 비율이 비정상적으로 높게 나타나는 기간이 오래 이어졌다. 결

이 다 그런 것처럼 여자들 값도 올라서" 2만 위안–3만 위안 정도 값으로 거래하는 경우가 많아졌다.[20] 이렇게 팔려 갔던 여성 탈북민 중에서는 브로커가 받았다는 "돈은 구경도 못했고 그저 어느 날 갑자기 얼굴도 본 일이 없는 중국 남자한테 시집을 가야 했던" 자신의 처지가 가여워서 울면서 지냈다고 하소연하는 사람이 드물지 않았다.

물론 당시 북한을 탈출한 여성이 모두 중국인 남성에게 팔려 갔던 것은 아니다. 또한 이렇게 팔려 간 여성 탈북민이 모두 자신도 모르는 사이에 "헤어나올 수 없는 수렁에" 빠졌다고 단언하기도 어렵다. 한 걸음 더 나아가 비록 매매혼으로 팔려갔다 해도 그런 처지에 놓인 여성 탈북민이 모두 불행한 생활을 했던 것도 아니었다.[21] 그래도 결혼이야말로 인생의 중대사인데 돈에

과적으로 2000년대 초반 무렵에는 중국 내에서 혼인 연령에 도달한 남성은 차고 넘치는 반면 여성은 절대적으로 부족한 상황이 발생할 수밖에 없었다. 이런 상황에서 절박한 상황을 벗어나 살아갈 길을 찾으려고 북한을 벗어나는 여성 탈북민을 사고파는 일이 일종의 산업으로 자리를 잡은 것이다.

20 드물지만 여성 탈북민을 대상으로 심층면담을 진행하다 보면 간혹 자신은 남보다 비싼 가격으로 팔려 갔다는 사실을 내세우는 사람도 있었다. 심층면담 과정에서 이들의 표정을 관찰하는 일 자체가 여성 연구자로서는 상당히 마음이 복잡해지는 경험이라고 표현할 수밖에 없었다.

21 분명히 돈을 주고 팔려 간 처지는 같아도 자신은 남편과 시부모의 사랑을 받아 편안하고 행복하게 살았다고 역설하는 심층면담 대상자도 간혹 만날 수 있었다. 실제로 이렇게 매매혼을 당했던 여성 탈북민 중에서 국내로 입국한 뒤 중국인 남편과 시부모를 원망하는 경우도 많지만 오히려

팔려 얼굴도 모르는 남자한테 가야 하는 상황에서 자신은 아무런 결정권이 없이 그저 주어진 환경에 순응하고 따라야 하는 상황이 만족스러울 수 없었으리라는 것은 누구도 부인할 수 없는 일이라고 생각한다.

문제는 고난의 행군 이후 점차 시간이 지나면서 이런 불행이 닥칠 것을 뻔히 알면서도 스스로 그런 짐을 감당하겠다고 나서는 여성 탈북민의 숫자가 늘어나는 현상이 나타났다는 점이었다. 분명히 예전에는 그런 현상을 볼 수 없었는데 고난의 행군 전후로 집안 형편이 너무 어려워졌거나 식구 중에 누군가 중병에 걸려 사경을 헤맬 때 식량이나 치료 비용을 구하려고 "제 발로 브로커를 찾아가" 자신을 팔아달라고 부탁해서 강을 건넜던 현대판 심청이 같은 여성도 꽤 많다는 이야기가 나왔다. 이들은 자신을 팔아서 받은 돈을 조금이라도 나누어 달라고 사정해서 그 돈을 위기에 처한 자신의 가족에게 전달한 뒤 브로커를 따라 중국으로 떠났다고 탈북한 과정을 들려주었다.

생계형 탈북민의 특징 중 하나는 처음부터 한국으로 입국할 생각으로 북한을 탈출할 계획을 세우고 떠난 것이 아닌 사람도 많았다는 점이라 하겠다. 이들은 대부분 중국에 도착한 뒤 며칠이

이들을 한국에 초청해서 같이 살기 위해서 애쓰는 사람도 드물지 않았다.

나 몇 달 동안 일을 해서 돈을 벌어 북한으로 다시 돌아갈 생각을 하고 집을 떠났던 것이라고 말한다. 간혹 어린 나이에 철이 없어서 "강 건너 화려한 불빛을 보고 중국에 건너가 며칠 놀다가 돌아올 생각으로" 두만강을 건넜다가 자신도 모르는 사이에 팔려 갔다는 여성도 있지만 처음에는 돈을 벌어 다시 가족에게 돌아갈 생각으로 중국행을 도모했는데 중간에 계획이 틀어져 낭패를 당했던 것이라고 토로하는 사람이 많았다. 중국에 들어설 때까지도 "조국을 배신하고 원쑤의 땅으로[22] 가서 살 생각은 꿈에도 떠올린 일이 없었는데 일이 꼬였다" 하는 것이 이들의 주장이었다. 돈을 벌면 언제든지 돌아갈 수 있다고 했던 브로커의 유혹이나 설득에 넘어가 탈북의 길로 나섰지만 막상 중국에 들어간 다음에는 다시 북한으로 돌아갈 수 없는 상황이 벌어졌다는 것이다. 그리고 중국에서 지내는 시간이 길어질수록 점점 불가피한 상황에 몰려 한국으로 들어오는 것이 자신에게는 유일하게 살아갈 수 있는 길이었다고 눈물로 하소연하는 경우가 많았다.

---

22 탈북민 중에서는 국내에 입국한 시점에서야 비로소 자신이 "원쑤의 땅 남조선에" 왔다는 사실을 깨닫고 두려웠다고 토로하는 사람도 만날 수 있었다. 북한에서 이른바 "남산 지하실" 같은 별칭으로 알려진 안기부에 끌려갈까봐 두려웠고 그 곳에서 "온 몸의 피를 다 뽑힌 상태로 실험용으로 이용만 당하다 버림을 받을까 봐" 공포에 떨었다고 털어놓았다. 이들은 남조선이 곧 대한민국을 의미한다는 사실을 전혀 몰랐고 만약 알았더라면 절대 오지 않았을 것이라고 주장하기도 한다.

2) 연고형 탈북

생계형 탈북으로 북한을 탈출한 사람 중에서는 유독 여성의 비율이 높은 것으로 보인다. 이들은 국내에 입국한 시점부터 돈을 버느라 급급해서 미처 자신을 돌볼 여유가 전혀 없는 상태로 시간을 흘려보내다가 건강을 잃는 경우가 많은 것으로 나타난다. 아픈 몸을 이끌고 일하러 나갔다고 하거나 불안감이 극도에 달해서 일상생활이 어려운 상황에서도 돈을 벌어야 한다는 강박관념에 시달리는 심층면담 대상자를 만나는 일도 있었다.

여성 탈북민이 이 정도로 돈을 버는 일에 집착하는 배경에는 당연히 여러 가지 이유가 있었을 것이다. 그렇지만 무엇보다 북한과 중국에 두고 온 가족에게 송금하려 하거나 그들을 한국으로 데려오겠다는 생각에 사로잡혀 있는 여성 탈북민의 처지에서는 돈을 많이 준다는 곳이 있으면 어디라도 무조건 쫓아가게 된다는 것이 심층면담 대상자들 의견이었다. 특히 여성 탈북민의 경우에는 자신이 북한이나 중국에 두고 떠났던 어린 자녀를 돌보는 사람에게 송금하거나 아예 그 자녀를 탈출시켜 한국으로 데려와 같이 살고 싶다는 욕구가 그 내면에서 강렬하게 작동하고 있는 것으로 보인다.

구체적 통계자료를 작성해 본 것은 결코 아니지만[23] 실제로 한 해 동안 국내에 입국하는 여성 탈북민의 비율이 50% 수준을 넘어섰던 2002년 이후 탈북민 규모가 늘어나는 이유는 바로 연고형 탈북의 증가에서 찾아야 합당하지 않을까 생각한다. 그런데 연고형 탈북의 범주 내에서도 먼저 국내에 정착한 여성 탈북민이 누구를 우선순위에 놓고 데려오려 하는지 생각해 보는 것은 또 그 나름대로 의미가 있었다.[24]

먼저 심층면담에 참여한 여성 탈북민에게 돈을 벌고 나면 제일 먼저 데려오고 싶은 사람이 누군지 질문했을 때 단연코 자녀라는 답변이 압도적으로 많은 것으로 나타났다. 특히 자녀가 어릴 때 떼어놓고 온 여성 탈북민은 아이만 생각하면 눈물로 밤을 지새우는 경우가 많다고 호소하면서 하루라도 빨리 데려오고 싶다고 간절하게 소원을 빌고 있는 마음을 여과 없이 그대로 드러내곤 했었다. 반면에 자녀가 없는 여성 탈북민은 부모님을 모셔오고 싶다고 대답하는 경우가 많았다.

---

23 국내 거주 탈북민의 규모가 총 34,000명 정도인 상황에서 개별 학자가 개인 차원에서 이들의 탈북 유형을 분류하는 통계자료를 작성한다는 것은 사실 불가능한 일이다. 게다가 관련 통계를 작성해서 공개하는 기관이 따로 존재하는 것도 아니라서 현실적으로 연구자 혼자 이런 일을 추진하는 것은 지나치게 무거운 짐이라고 생각한다.
24 남성 탈북민이 먼저 국내에 정착한 뒤 어머니와 아내, 딸을 데려오는 경우는 따로 분석해야 할 것이다.

그런데 자녀와 부모 다음으로 누구를 탈북시키고 싶은지 물어보면 언니와 여동생 등 자매를 데려와 가까운 곳에서 살고 싶다고 대답하는 비율이 높은 것으로 나타난다. 반면 오빠와 남동생, 남편 등 가족 구성원 중에서 남성을 탈북하게 한 뒤 한국에서 같이 살았으면 좋겠다는 대답은 상대적으로 그다지 빈도가 높게 나타나지 않는 것 같다.

이런 현상이 나타나는 이유는 무엇일까? 아직 구체적인 상황을 파악한 것은 아니지만 앞으로 그 이유가 무엇인지 관련 자료를 모으고 이들의 행동에 숨은 의미를 찾아내고 분석해 볼 필요는 있다고 생각한다. 다만 현재 단계에서는 심층면담에 참여한 여성 탈북민의 답변에서 일정한 경향성이 나타난다는 사실은 지적해 두고자 한다.

여성 탈북민이 답변한 내용을 한 문장으로 정리하면 "북한 남자가 한국에 와서 살기 힘들다" 정도로 정리할 수 있겠다. 북한에서 "별로 할 일도 없는 직장에 나가 아침에 출근 도장 찍고 시간을 보내다가 집에 오면 도둑이 들지 않는지 지켜보며" 시간을 보내던 남자가 한국에 온다면 "견뎌낼 것 같지 못하다" 하는 것이 여성 탈북민이 말해주는 의견이었다. 그런데 아직 미혼인 남동생이나 오빠를 데려오는 것이 좋을지 고민하는 여성 탈북민의 답변을 들어보면 비슷하면서도 결이 다른 답변이 나온다. 여성 탈북민 중에서는 남동생이나 오빠의 탈북을 추진하다가도 이들이 한국에서 제대로 결혼을 할 수 있을지 걱정을 하게 된다고 답변하는 경우가 자주 등장한다. 이들이 무사히 탈북해서 온다고 해도 "아무래도 여기 여자들 만나서 제대로 결혼할 수 있을 것 같지 못하다" 하는 것이 여성 탈북민의 답변이었다.

심층면담에 참여해 준 여성 탈북민 중에서 북한에 남아 있는 배우자인 남편을 특별히 서둘러 데려오려 하는 사람이 별로 많지 않다는 점도 눈길을 끌었다. 이런 현상이 나타나는 이유가 무엇인지 질문하고 그 답변에 숨은 의미를 관찰해 본 결과, 여성 탈북민의 생각을 몇 가지 유형으로 정리해 볼 수 있었다.

가장 자주 등장하는 답변의 내용은 남편이 이미 다른 여자를 만나서 같이 살고 있다는 이야기였다. 탈북 여정은 그 자체로 어느 정도 시간이 걸리는 것을 피할 수 없다. 북한을 떠나 중국 등 제3국을 지나오는 기간도 있지만 국내 입국 이후에도 관련 기관을 거치며 조사를 받다 보면 1년 이상 시간이 걸리는 경우가 많다. 이 과정에서 북한에 남은 남편이 이미 다른 여자를 만나 새로 가정을 꾸렸다는 것이다.[25]

---

25 심층면담에 참여한 여성 탈북민 중에서 이런 이야기를 하면서 분노하거나 배신감을 표현하는 사례는 신기할 정도로 찾아볼 수 없었다. 이들은 대체로 "남자가 어떻게 혼자 살 수 있겠느냐, 집안 거두메도 그렇고 아

다음으로 남편이 탈북해서 한국에 오면 마땅히 할 일이 없을 것 같아서 선뜻 "마음이 내키지 않는다" 하는 대답도 많이 나왔다. 북한에서 온 남자가 일할 곳이 별로 많지도 않은 것 같기만 혹시 그런 일자리를 찾아 남편을 일하게 한다고 해도 "조만해서[26] 견뎌 못낼 것 같다" 하는 것이 이들의 의견이었다. 혹시라도 "그 성질에 밸이 나서" 어디 가서 일한다고 하다가 자칫 주먹다짐이라도 하면 "별다른 연고도 없는" 한국 사회에서 자신이 혼자 힘으로 그 상황을 어떻게 수습하겠느냐 하는 걱정이 이어지기도 했다.

마지막으로 여성 탈북민 자신도 이제 서서히 나이가 들어가는 상황인데 새삼스럽게 시간에 맞춰 남편의 식사 시중을 드는 일에 얽매여 살고 싶지 않다는 대답도 나온다. 탈북하기 전까지는 북한에서 여자로 태어나면 당연히 그렇게 살아야 하는 줄 알고 살았는데 이제 다시금 예전처럼 살고 싶지는 않다는 것이 심층 면담에 참여한 여성 탈북민의 의견으로 정리할 수 있었다.

이들 돌보는 것도 남자 혼자 할 수 없지 않으냐" 하는 말로 "새로 여자를 들인 남편을 이해한다" 하는 반응을 보여 주었다.

26 탈북민 대상으로 심층면담을 진행하는 과정에서 이런 표현이 자주 등장했다. 실제로 북한의 사회과학출판사에서 2007년에 발간한 조선말대사전 (증보판) 제2권을 보면 조만하다는 형용사가 여간하거나 어지간하다는 의미로 쓰인다고 나와 있다. 반면 한국의 국립국어원에서 1999년에 발간한 표준국어대사전을 찾아보면 조만하다는 형용사가 나오지 않는다. 그렇지만 조만히라는 부사가 있고 꽤, 상당한 정도로 같은 의미로 쓰인다고 설명해 놓았다.

이렇게 답변하는 여성 탈북민의 목소리에는 나름대로 오늘날 북한 내 남녀관계의 현실이 어떤 상황인지 알려주는 내용이 숨어있다고 생각한다.[27] 물론 이런 해석은 아직 설익은 상태라고 평가할 수 있을 것이다. 이 말은 곧 앞으로 관련 자료를 더 폭넓게 수집한 뒤 이들의 발언에 숨은 의미를 제대로 분석해야 확실한 결론을 내릴 수 있을 것이라는 뜻이기도 하다.

3) 질병 치유형 탈북

심층면담을 진행하다 보면 간혹 질병 치유형 탈북 이외에 달리 설명하기 어려운 유형의 탈북민을 만나는 경우가 종종 발생한다. 이들은 자신이나 가족 구성원 가운데 누군가 북한에서 도저히 치료할 수 없는 질병에 걸려 어쩔 수 없이 탈북의 길을 선택했던 인생 역정을 토로하는 유형이었다. 사실상 북한에서 도저히 치료할 수 없는 질병으로 탈북을 했다고 하더라도 한국에 도착한 뒤 소생하는 것이 그다지 어려운 일은 아니라는 의견이 지배적이었다.

---

27 재미있는 사실은 남성 탈북민을 대상으로 동일한 질문을 하면 도대체 왜 아내가 남편을 빨리 데려오려 하지 않는지 이해할 수 없다는 반응이 자주 나온다는 점이다. 또한 부부가 동시에 탈북한 경우에 아내는 빠르게 변하는데 남편은 여전히 북한 방식을 고집하다가 갈등을 일으키는 사례가 빈번하게 발생하기도 한다.

심층면담 대상자 중에는 집안의 재산을 털어 돈을 많이 쓰고 평양이나 청진의 큰 병원에 갔는데 이제 가망이 없으니 가족들이 무두 마음의 준비를 하는 것이 좋겠다는 말을 듣고 절망한 나머지 "이래 죽으나 저래 죽으나 마찬가지라는 심정으로" 탈북하는 길을 선택하게 되었노라고 상황을 설명하는 사람을 간혹 만날 수 있었다. 이들은 탈북하는 길이 얼마나 위험한지 잘 알고 있었지만 나중에 한이라도 남지 않게 하려면 "남조선에 가서 치료라도 한 번 제대로 받아본 뒤 죽더라도 죽으려고" 힘든 결심을 했다는 것이었다.

국내에 입국하는 탈북민을 대상으로 건강검진을 시행해 보면 이들이 각종 질환에 시달리는 것으로 나타난다.[28] 간염이나 결핵을 앓는 경우도 흔하고 북한이나 제3국에서 부상을 당했지만 제대로 치료를 받지 못해서 각종 후유증에 시달리는 사람도 드물지 않은 것으로 보인다. 그런데 이런 정도의 질환으로 이들이 탈북을 결심하는 것 같지는 않았다.

질병 치유형 탈북을 결심하고 실천에 옮기는 사람은 북한에서 도저히 치료할 수 없다고 판단할 정도로 심각한 수준의 간질환

28 탈북민은 국내에 입국한 뒤 치밀한 수준의 건강검진을 받는다. 처음부터 증상이 뚜렷한 환자는 치료부터 진행하게 된다. 그렇지만 건강검진 과정에서 겉으로 드러나는 증상이 없이 보균 상태에 있는 잠재적 환자를 찾아내는 경우도 많은 것으로 알려져 있다.

을 앓거나 암으로 고통을 받는 사례가 많다는 것이 심층면담 대상자들 주장이었다. 그렇지만 아무리 절박한 심정으로 탈북을 결심했다 하더라도 무사히 한국에 입국하기만 하면 "살았다고 환호성을 올리게" 된다고 했다. 실제로 "얼굴이 새카맣게 변해서 다 죽어가는 상태로" 국내에 입국했지만 얼마 지나지 않아서 온전히 건강을 회복하고 평온하게 일상생활을 영위하며 지내는 사람이 많다고 토로하는 심층면담 대상자가 드물지 않았다.

이렇게 질병 치유형 탈북 현상이 나타나는 이유는 무엇인가? 북한당국이 자랑하던 무상치료는 이미 "껍데기만 남았을 뿐, 현실은 완전히 딴판이기 때문이다" 하는 것이 심층면담 대상자로 참여한 탈북민이 공통적으로 지적하는 내용이었다. 북한당국의 주장에 따르면 원래 병원에 가면 모든 것이 무상이라야 하지만 현실적으로는 진단서 한 장 발급받으려 해도 의료진에게 뇌물로 줄 뭔가 들고 가지 않으면 "도덕이 없다고 비난하는 풍조가" 북한 전역에 자리를 잡았다고 하는 것이 이들의 의견이었다.

그러다 보니 오늘날 북한에서는 특별히 권력을 쥐고 있거나 돈이 많은 것이 아니고 그저 평범한 사람이라면 "조만히 아픈 정도로" 병원에 가려 하지 않는다고 했다.[29] 병원에 가는 대신 아편

---

29 북한당국이 선전하는 의료체계는 1차 의료기관인 리 단위의 진료소와
   2차 의료기관인 군 인민병원을 거쳐야 3차 의료기관인 도 인민병원과

이나 마약으로 통증을 다스리는 수준으로 참고 견디는 상황이라고 말했다.[30] 간혹 심각한 병에 걸린 환자가 고통을 겪는 모습을 지켜보다가 그 가족이 "마지막 떠나는 길에 한이라고 남지 않게 하려고" 각 도에 하나씩 있는 도 병원이나 평양 소재 조선적십자병원 같은 3차 및 4차 의료기관에 가서 치료할 방법을 찾는데 그것도 쉬운 일이 아니라고 했다. 큰 병원에 가서 치료를 받으려면 "온 집안이 망할 정도로 돈을 쏟아부어 뇌물을 고여야 간신히 의사 얼굴이라도 볼 수 있을" 정도라고 이들은 토로했다.[31]

4차 의료기관인 평양의 조선적십자병원에 가서 진료를 받을 수 있도록 정해져 있다. 그런데 현실적으로 북한 내 의료체계가 사실상 무너진 이후에는 "평민, 평백성" 수준의 사람들은 큰 병에 걸렸다고 해도 2차 의료기관에 해당하는 군 인민병원에 가는 것도 돈이 많이 들어 망설이게 된다고 했다.

30 북한 내 아편이나 마약 문제는 심각한 수준을 넘어서 "저러다가 나라가 온통 절딴이 날 지경이다" 하는 것이 심층면담 대상자들 답변이었다. 특히 의약품 공급이 절대적으로 부족해진 고난의 행군 이후에는 아편과 마약을 진통제로 사용하는 사람이 늘어났다고 한다. 시기적으로 2000년 이전에는 아편을 사용하는 사람이 많았는데 그 이후에는 이른바 얼음, 빙두, 아이스라고 부르는 필로폰을 사용하는 비율이 서서히 늘어나다가 어느 순간 갑자기 급증했다는 것이 심층면담 대상자의 의견이었다. Lankov and Kim (2013), A New Face of North Korean Drug Use: Upsurge in Methamphetamine Abuse Across the Northern Areas of North Korea, *North Korean Review*, vol. 9, no. 1, pp. 45-60.

31 이런 상황도 당연히 탈북민 개인의 상황에 따라 다르게 나타난다. 다행히 큰 병원 근처에 사는 사람은 교통비를 비롯한 여러 비용을 그렇게 많이 쓰지 않고 치료를 받을 수 있을 것이다. 한 걸음 더 나아가 이른바 토대라고 하는 성분이 좋거나 지위가 높은 집안 사람이라면 전화 한 통화로 의료진이 집으로 왕진을 나오기도 한다는 사람도 있었다. 그러나 일반적으로 권력을 쥔 집안이 아니라면 뇌물을 "고이지 않으면서" 환자를 치료하는 방법은 없다는 것이 심층면담 대상자들 의견이었다.

게다가 이렇게 큰 병원에 가서 진료를 받으려 하면 단순히 의료 진한테 "도덕적으로 인사를 하느라고" 뇌물로 쓰는 돈 이외에도 환자가 거주하는 지역에서 평양이나 혜산, 청진, 함흥 같은 대도시까지 오고 가는 교통비와 그 근처에 가서 보호자까지 같이 먹고 자는 데 소모하는 비용이 어마어마한 수준이라는 것이다. 이 과정에서 돈이 아무리 많이 들어도 무상치료 주장을 내세우던 북한당국은 아무런 지원도 하지 않고 모든 비용과 부담은 오로지 환자와 가족이 감당해야 한다고 심층면담에 참여한 탈북민이 공통적으로 지적했다. 한 걸음 더 나아가 돈도 돈이지만 아픈 사람을 "덜컹거리는 우마차에 싣고" 병원까지 가면서[32] 환자의 신음소리를 듣다 보면 도저히 사람이 겪어야 할 일이 아니라는 생각이 든다고 이들은 역설하였다.

심층면담 과정에서 자신이나 가족 구성원이 큰 병에 걸려 "지푸라기라도 잡는 심정으로" 탈북을 시도했다고 토로하는 탈북민이라면 한결같이 지적하는 내용이 있다. 바로 환자가 아직도 북한을 떠나지 않았더라면 영락없이 이미 죽었을 것이라고 단언하

---

32 2차 의료기관인 군 인민병원 응급실에 구급차가 있다 해도 기름이 없거나 부품의 고장으로 운행하지 않는 경우가 많다는 것이 심층면담 대상자들 이야기였다. 그러다 보니 상황이 다급할 때 우마차 사업소에 가서 우마차를 빌려 사용하는 경우가 종종 발생한다는 것이었다. 21세기에 소나 말이 끄는 우마차를 주요 교통수단으로 이용한다는 사실을 믿기 힘들었지만 분명히 북한당국은 우마차 사업소를 각 지역에서 운영하고 있는 것으로 나타난다.

는 점이었다. 그런데 "대한민국의 의료 수준이 높아서 죽을 사람이 살아났다" 하는 것이 이들의 의견이었다.

4) 유학형 탈북

심층면담을 진행하다 보면 2000년 이후 시간이 지나면서 점차 자신보다는 어린 자녀의 앞날을 위해 탈북할 것을 결정했다는 사람이 늘어난다는 느낌을 받는다. 불행하게도 자신은 이미 북한에서 태어났고 그런 세상에서 어떻게 해야 살아남을 수 있는지 체득했으니 앞으로 그럭저럭 견뎌낸다 해도 아직 어린 자녀가 그렇게 험난한 삶을 이어가도록 그대로 두고 볼 수 없어서 두려움을 떨쳐 내고 탈북을 결심하게 되었다고 하소연을 하는 사람이 점차 많아진 것으로 보인다는 뜻이다.[33]

그런가 하면 이제 막 성인기에 진입하는 젊은 딸이나 아들이 북한

---

33 2009년 4월쯤 소학교 다니는 아이가 학교에서 소풍을 갔다 오더니 "척척척 발걸음, 우리 김 대장 발걸음" 같은 노래를 흥얼거리는 것을 보고 탈북을 결심했다는 여성도 있었다. 나중에 알고 보니 당시에는 "젊은 대장" 이름도 잘 모르던 시절이라 북한당국이 학교 교사들 대상으로 그 이름을 정확하게 알려준다고 "꼬리가 달린 김정운이라고 쓰지 말고 꼬리 없는 김정은으로 써야" 한다고 지침을 전달하던 상황이었는데 자신은 그 내용을 전혀 모르고 있었지만 아이가 노래를 부르는 것을 듣고 김정일의 자리를 아들이 물려 받는다는 느낌이 들어서 바로 탈북을 결심했다고 말해 주었다.

당국의 규제에 얽매어 힘들어하는 모습을 지켜보다가 그 굴레를 벗어나 "훨훨 날아가서 다시 돌아오지 말라고" 부모님이 나서서 적극적으로 탈북할 것을 권유했다는 사례도 있었다.

심층면담 대상자 중에서 사실 자신은 하루라도 빨리 북한을 탈출하고 싶었지만 가족에게 피해를 줄까봐 망설이고 있었는데 부모님의 강력한 권유로 탈북을 결심하게 되었다는 젊은 여성을 만나 경험담을 들었다. 20대 후반의 나이로 대학 신입생으로 들어온 여성 탈북민은 어느 날 아버지가 조용히 부르시더니 "네가 원하는 지역으로 갈 수 있다면 목숨을 걸 수 있느냐" 하고 질문하셨다고 털어놓았다. 그 말씀이 곧 탈북을 의미한다는 사실을 깨닫고 곧바로 "목숨을 걸겠다" 하는 답변을 했더니 "네가 떠나고 난 뒤에는 병원 진단서를 받아 사망으로 처리할 것이니 다시 돌아올 생각을 하지 말고 빨리 떠나라" 하는 말씀을 하셨다고 했다.

어머니가 먼저 탈북해서 자리를 잡은 뒤 미리 계획을 세운 상태에서 자녀를 데려와 곧바로 특례입학으로 대학에 가도록 길을 마련해 놓은 뒤 적극적으로 안내하는 사례도 나타난다. 심층면담에 참여한 30대 초반의 젊은 여성이 탈북 이후 곧바로 국내로 입국했고 입국 시점부터 대학입시를 준비한 뒤 "아무 것도 모르고 동서남북 구분도 안되는" 상황에서 신입생으로 입학했다고 말했다. 이 여성에게 도대체 관련 정보를 어떻게 알았는지 질문했더니 곧바로 어머니 덕분이라는 답변이 나왔다. 딸보다 먼저 북한을 탈출했던 어머니는 이미 중국에 있을 때 대한민국 정부의 탈북민 대상 대학입학 특례 규정을 파악하고 국내에 입국한 시점부터 돈을 모으는 한편 관련 정보를 습득하는 노력을 쉬지 않았다는 것이었다. 그 덕분에 자신은 하나원을 나온 그 주간에 바로 탈북민의 대학입시 준비를 도와주는 기관에 등록하고 공부를 시작했다고 상황을 설명해 주었다.

부모가 해외 주재원이나 외교관 신분으로 이미 외국에 나와서 살다가 해당 지역에서 탈북해 온 사람도 있었다. 이런 경우도 영국 주재 북한대사관 공사로 근무하던 국회의원 태영호의 가족처럼 부모가 먼저 자녀의 앞날을 걱정해서 탈북을 기획한 사례[34] 이외에 자녀가 먼저 탈북한 상황에서 부모가 어쩔 수 없이 대처해야 하는 유형도 나타난다.[35] 북한당국이 해외에서 운영하는 식당의 종업원이 개인적으로나 집단으로 탈북을 감행했던 사례도 잘 알려져 있다.

전체적으로 유학형 탈북 유형에 해당하는 사람의 숫자는 그다지 많지 않은 것 같다. 그렇지만 이들이 탈북민 집단 내부에 미치는

34 태영호 (2018), 『전 영국 주재 북한공사 태영호 증언: 3층 서기실의 암호』, 서울: 기파랑.
35 차란희 (2012), 『내 아들의 사랑이 남편을 죽였다』, 서울: 푸른향기.

영향력을 상대적으로 큰 것으로 보인다. 한 걸음 더 나아가 "아직은 탈북을 할 생각이 없는" 북한 내 엘리트 계층 역시 이들의 행보에 따라 "말로 다 표현할 수 없을 만큼" 심대한 영향을 받는다는 것이 몇몇 심층면담 대상자들 의견이었다. 그런 의미에서 유학형 탈북을 시도한 뒤 성공한 사람들의 동향을 세밀하게 분석해 볼 필요가 있다고 생각한다.

5) 도피형 탈북

사랑에 국경도 없다는 말을 저절로 떠올리게 하는 탈북 유형도 있다. 심층면담을 진행하다 보면 바로 도피형 탈북이야말로 이런 유형이 아닐까 하는 생각이 저절로 드는 사람을 만나서 그 경험담을 듣기도 한다. 사실 북한을 탈출한 사람들 속에서 사랑의 도피를 도모하는 젊은이를 만나는 것은 그다지 신기한 일이 아니다.

인류 역사상 사랑을 이루려고 국경을 넘어 도망을 친 젊은이가 얼마나 많았을 것인가? 북한도 분명히 사람이 사는 땅이고 젊은이는 사랑을 갈구할 것이며 그 부모는 마음에 드는 사위감이나 며느리 후보를 맞이하려고 딸이나 아들의 의견을 꺾으려고 다양한 시도를 하지 않겠는가? 그러니 탈북민 중에 그런 이야기의 주인공을 만날 정도는 쉽게 예상할 수 있는 일이라 하겠다.

미처 예상하지 못했던 부분은 젊은이들 사랑을 가로막는 길을 피해 떠났던 도피형 탈북의 원인이 바로 신분의 차이라는 점이었다. 돌이켜 보면 나는 1007년 이후 국립통일교육원 교수로 막 재직하기 시작할 무렵만 해도 탈북민을 만나 이야기하다가 "우리 집 같은 평민·평백성·하바닥 사람이 감히 넘겨다 보지도 못할" 집안의 딸이나 아들과 연애를 하다가 그 집 부모의 반대가 너무 심해 우여곡절을 겪다 결국 "절대로 찾지 못할 곳으로" 북한을 탈출하는 길을 선택했다는 설명을 들어도 그런 말이 무슨 의미인지 제대로 이해하지 못한 채 지나치는 경우가 많았던 것 같다. 기본적으로 그 당시까지 나는 북한이 이른바 사회주의·공산주의 가치를 표방한다는 생각에 사로잡혀 있느라 북한 내 신분의 차이가 존재하고 그 영향이 주민들의 생활상 곳곳에 보이거나 보이지 않는 방식으로 위력을 발휘하고 있다는 사실을 스스로 받아들이지 못하는 상태였다는 생각이 든다.

그렇지만 시간이 지나고 만나는 사람도 많아지면서 이들을 통해 직접 들은 이야기의 내용을 종합하다 보면 북한 내에서 신분의 차이를 뛰어넘는 연애나 결혼이 얼마나 허망한 꿈을 꾸는 일인지 호소하는 심층면담 대상자의 절박한 심정을 인정하지 않을 수 없었다. "젊은 사람 둘이 조용히 연애만 한다면 모를까, 주변 사람들 입에 오르내리기 시작하면 영락없이 당의 타격이 들어오는" 것을 충분히 경험했던 사람들 목소리에는 나름의 설득력이 배어 나왔다.

그 이외에 또 한 가지 시간이 지나면서 이 문제를 바라보는 내가 예전과 달라지는 부분이 나타났다. 바로 그렇게 기를 쓰고 "성분·토대가 다른" 젊은 사람들 사이의 연애와 결혼을 반대하는 부모들 심정을 이해하기 시작하는 방향으로 나 자신이 변모해 가기 시작했다는 점이었다. 만약 "아글타글" 애써 키운 아들이나 딸이 "종파분자" 집안에서 배우자를 데려오겠다고 나선다면[36] 평생을 살아오면서 북한당국의 집요함을 충분히 경험한 부모로서 자녀의 앞길이 막히는 것을 뻔히 보면서도 그냥 지나칠 수 없는 일이니 결국 젊은 사람 둘의 선택을 절대로 용납하거나 찬성할 수 없겠다는 생각이 들기 시작했다.

북한당국이 주민들 성분을 구분하기 시작한 시점은 1956년 8월에 일어났던 8월 종파사건[37] 이후 관련자 색출과 처벌을 시행하던 무렵의 일이었다. 8월 종파사건의 주모자와 눈에 뜨일 만큼 적극적으로 가담한 사람들을 숙청하는 일은 오히려 단순한 과정이었을 것이다. 문제는 친인척과 친구, 직장 동료와 이웃사람

---

36 북한에 살면서 누군가 자신과 집안 식구를 종파분자로 부르는 것을 참아넘기는 사람은 한 명도 없다는 것이 심층면담 대상자들 답변이었다. 종파분자야말로 북한사회에서 가장 극렬한 욕설로 그 땅에 발을 붙이고 살 수 없게 만들어야 한다는 뜻이기 때문이라는 것이었다.

37 1956년 8월 30일, 평양에서 조선노동당 제3기 제2차 전원회의가 열렸다. 이 자리에서 최창익, 박창옥, 서휘, 윤공흠, 리필규 등이 나서서 조선노동당이 공산주의 정당에서 김일성의 일인 독재를 지지하는 도구로 변모한 점을 비판했다. 당시 수상이던 김일성을 몰아내는 것이 이들의 계획이었지만 오히려 김일성이 파악하고 있어 결국 8월 종파사건은 실패로 끝났다.

등 평소에 이들과 가깝게 교류하던 인물을 어떻게 색출하고 어느 정도 처벌할 것인가 결정하는 일이라 하겠다.

본래 사람과 사람 사이의 관계는 미묘하고 복잡해서 그 좋고 나쁨이나 가깝고 먼 사이를 단번에 파악할 수 없는 속성을 지니고 있다. 북한당국은 이렇게 복잡한 문제를 단순하고 간결하게 해결하였다. 바로 주민들 전체의 성분을 핵심계층과 동요계층, 적대계층 등으로 크게 분류한 뒤 각 계층 내 집단을 세분화했던 것이다. 그 뒤 종파분자로 몰려 적대계층으로 분류가 된 집단은 북한사회에서 절대로 발전할 수 없고 일상적인 감시를 받으면서 늘 숨을 죽이고 살아야 하는 처지로 전락하고 말았다. 북한당국은 1967년 당시 조선노동당 제4기 제15차 전원회의에서 갑산파를 숙청하면서[38] 주민등록재분류 사업을 통해 각 개인의 성분을 다시 세밀하게 조정하였다.

이런 과정을 거치면서 북한주민 사이에서는 누군가 자신과 집안 식구를 종파분자로 부르는 일이야말로 "죽을내기로 싸울지언정

---

38 분단 직후 북한 내 정치세력은 허가이를 중심으로 하는 소련파와 김두봉이 이끄는 연안파, 박헌영과 그 주변의 남로당파 이외에 김일성의 빨치산파로 나눌 수 있었다. 당시 김일성의 빨치산파는 상대적으로 세력이 크지 않았고 그나마도 세분해 보면 두 갈래로 갈라지는 집단이었다. 함경북도 갑산을 중심으로 항일활동을 하던 국내파와 김일성을 따라 만주와 소련 극동지역을 돌아다니던 빨치산파가 하나의 집단처럼 협력하는 모습을 보였던 것이다.

절대 용납할 수 없는 욕설로" 자리를 잡았다고 하는 것이 심층 면담 대상자들 답변이었다. 그런데 하물며 그런 집안에서 사위 나 며느리를 맞아들여야 한다고 생각한다면 부모로서 젊은 날 한때 풋사랑 열병에 빠진 딸이나 아들의 열망 정도는 가족 구성 원 전체의 안전한 생활과 목숨을 지키기 위해서 얼마든지 꺾을 수 있고 또 무슨 방법을 쓰더라도 마땅히 꺾어야 한다는 각오를 다지게 될 것 같았다.

물론 도피형 탈북이 모두 맺어지기 어려운 젊은이의 아름다운 사랑 이야기로 채워지는 것은 아니었다. 간혹 남녀 사이의 애절 한 사랑 이야기인 것은 틀림이 없는 사실이지만 그다지 건전하 지도 않고 바람직하지도 않은 사연도 들을 수 있었다. 그 이외 에도 북한에서 이른바 "비법 활동에" 가담했다가 교화소에 들어 가게 될 일이 무서워 탈북했다는 이야기도 도피형 탈북의 주요 소재로 등장하기도 한다.[39] 그런가 하면 한참 장사로 이익을 내 는 일이 이어지면서 한 번 크게 돈을 벌어보려고 여러 사람에게 빚을 얻어 물건을 사두었다가 사기를 당하면서 "빚꾼들 등쌀에 못이겨" 탈북을 했다는 심층면담 참여자도 만날 수 있었다.

---

39 북한당국이 이런 사례를 악용하여 이름이 알려진 탈북민을 비난하는 사 연을 만들어내기도 한다. 해당 탈북민이 북한에서 "입에 담기도 민망한 성범죄를 비롯하여 온갖 파렴치한 행위를 일삼다가 남조선으로 도망갔 다" 하는 논리로 비방하는 보도를 내보내는 경우가 있다.

6) 실수형 탈북

그 이외에도 몇 가지 유형을 생각해 볼 수 있겠지만 심층면담을 진행하면서 개인적으로 가장 충격을 받았던 사례는 바로 실수로 탈북한 유형도 존재한다는 점이었다. 자신은 전혀 탈북할 의향이 없었고 그런 계획을 도모하지도 않았는데 어느 날 우연히 "탈북을 한 것으로 되어버린" 사람이 바로 이런 경우에 해당한다고 하겠다.

실제로 심층면담 대상자로 참여한 남성 탈북민 한 분은 어느 날 밤늦게 술에 잔뜩 취한 상태로 집에 가다가 쓰러져 잠이 들었는데 눈을 떠보니 자신이 강 건너 중국에서 자고 있었다는 사실을 발견했다고 토로하였다. 그 사람은 자신이 술에 잔뜩 취한 상태에서 회령천과 두만강을 구분하지 못했던 것 같다고 말했다. 그런데 하필이면 그 날따라 북한의 국경경비대가 삼엄하게 감시하고 있어서 다시 집으로 돌아가지 못한 채 탈북의 길로 나서게 되었다는 것이었다. 이런 경우는 실수형 탈북이라고 하는 것 이외에 달리 표현할 방법이 없다는 생각이 들었다.

이렇게 "술 때문에 탈북이 되어 버린" 경우 이외에 아편이나 마약도 실수형 탈북의 원인으로 작용하는 사례도 있다는 것이 심층면담 대상자들 의견이었다. 북한과 중국이 모두 국경선을 따라서 철책선을 세워놓은 뒤에는 이런 유형의 탈북이 발생할 가능성도 전혀 없거나 매우 낮겠지만 그 이전 시절을 생각해 보면 실수형 탈북이 발생하는 것 자체가 아예 불가능한 일은 아니라고 하겠다. 비록 지금은 지나간 일이지만 북중국경지역에 높은 철책선을 둘러쳐 놓기 이전에는 실수형 탈북의 빈도가 비교적 높은 확률로 나타날 가능성이 존재했다는 사실은 부인할 수 없을 것이다.

7) 납치형 탈북

한편 심층면담을 진행하는 과정에서 납치형 탈북 이외에 다른 유형으로 분류할 수 없을 것 같은 상황도 간혹 만나볼 수 있었다. 이런 유형은 주로 어린 자녀를 남겨 둔 채 먼저 탈북한 엄마가 아이를 보내려 하지 않는 남편이나 다른 식구들 몰래 학교에서 공부하는 딸이나 아들을 유인하여 탈출하게 만드는 사례로 나타난다.

심층면담을 진행하던 초창기에는 엄마가 간절하게 아이를 보내 달라고 하는데 북한에 남은 가족이 굳이 막으려고 하는 이유는 그 길이 목숨을 담보로 해야 할 정도로 위험하니까 만류하는 것이 아닐까 하고 단순하게 생각했었다. 물론 그런 사례도 분명히 찾아볼 수 있었던 것은 사실이었다. 사랑하는 외동딸을 친정어머니한테 맡겨 놓고 탈북했는데 이제 데려오려고 하니 그 아이

한테 차마 위험한 길로 탈북하게 할 수 없다고 해서 전화할 때마다[40] 온 식구가 눈물을 쏟아낸다는 이야기를 들으면 정말 그렇겠다 싶기도 했다.

그런데 심층면담을 진행하며 여러 사람이 들려주는 다양한 사연을 듣다 보니 납치형 탈북의 배경이 그리 단순하지 않다는 사실을 깨달았다. 슬픈 일이지만 북한에 남은 가족이 아이를 돌본다는 명목으로 돈을 받는 상황에 익숙해지면 그 아이의 안녕과 행복보다 자신이 앞으로 돈을 안정적으로 받을 수 있는지 타산하는 일부터 하게 된다는 것이 심층면담 대상자들 의견이었다. 그러다 보니 아이가 떠난 이후에 돈을 받지 못하면 먹고사는 일을 어떻게 해결할까 하는 생각에 막막해져서 한국과 연락하는 일을 의도적으로 피하는 경우도 발생한다고 했다.

아무리 자녀를 하루빨리 데려오고 싶다고 하더라도 여성 탈북민이 처음부터 아들이나 딸을 납치형 탈북으로 데려오려고 기획하는 경우는 별로 없는 것 같다. 처음에는 오로지 돈을 많이 벌어서 북한에 송금하는 일에 열중하느라 아이가 실제로 행복하게

---

40 북한에 거주하는 탈북민의 가족이 중국이나 한국에 있는 사람과 전화
통화를 하는 것은 위험천만하지만 불가능한 일은 아니다. 특히 이른바
손전화라고 부르는 휴대전화를 쓰는 인구가 북한 내부에서 늘어나면서
중국 유심칩을 사용하는 휴대전화를 활용하여 남과 북에 떨어져 있는
가족이 실시간으로 영상통화를 하는 일도 가능해졌다고 한다.

지내는지 신경을 쓸 여력도 없이 그저 북한에 남은 가족이 잘 돌봐줄 것으로 믿고 있다가 이런저런 계기로 상황을 파악하고 난 뒤에 비로소 자녀를 납치하는 방식으로 데려오려 한다는 것이 심층면담 대상자 의견이었다.

8) 투사형 탈북

심층면담을 진행하다 보면 간혹 자신을 북한정권에 맞서 싸우며 통일을 이루려고 하는 투사로 묘사하는 탈북민도 만날 수 있었다. 면담 대상자 중에서 이런 유형의 사람을 많이 만난 것은 아니지만 자칭 "투사형" 탈북은 나름 탈북민 사회에서 영향력을 행사하거나 영향력을 행사하려고 노력하는 유형이라는 측면에서 별도의 유형으로 분류해 둘 필요가 있다고 하겠다.

"투사형" 탈북 유형에 속하는 면담 대상자는 대부분 자신이 평범한 탈북민이 아니라는 점을 강조하는 모습을 보여주었다. 면담 과정에서 이런저런 질문을 할 때마다 자신은 다른 사람과 달리 북한에서 특별한 위치에서 살았기 때문에 "평민, 평백성이 어느 정도 어렵게 생활하는지" 잘 모른다는 점을 역설하기도 했다.[41]

---

41 면담 대상자 중에서는 북한에 있을 때 자신의 위치가 아주 높은 것은 아니었지만 "늘 높은 사람만 대상하다 보니 평민들의 하바닥 생활은 잘 모른다" 하는 사람도 있었다.

구체적인 통계 자료를 작성한 것은 아니지만 이른바 "투사형" 탈북민 중에서는 간혹 자신이 북한에서 어느 정도 위치에서 얼마나 호화롭게 살았는지 들으면 연구진이 "정신줄을 놓게" 된 것 같다고 미리 걱정하는 사람이 상대적으로 많았다. 한 걸음 더 나아가 이런 유형의 면담 대상자는 탈북해서 국내에 입국한 이후 생활하는 방식을 설명할 때 역시 북한정권에 맞서는 투쟁 과정을 강조하면서 일상의 소소한 어려움이나 적응 양상은 아예 언급하려 하지도 않는 경향을 드러내 주었다.

9) 기획형 탈북

2016년 중국 저장성 닝보에서 영업하던 류경식당 지배인과 종업원 등 13명이 동시에 집단으로 탈북하는 사건이 발생했다. 우리 사회에서는 이 사건을 기점으로 기획형 탈북이라고 했을 때 어떤 내용을 떠올리는지 달라지는 양상이 나타난다. 분명히 그 이전에는 중국 주재 외국대사관 집단 진입이라거나 노르베르트 폴러첸이라는 독일인 치과의사의 이름을 떠올리는 것이 일반적이었다. 그러나 2016년 이후 그 양상이 급격하게 달라졌다. 당시 해외에서 영업하던 북한식당 지배인과 여종업원이 집단으로 탈북하는 사태가 벌어졌는데 그 일이 발생한 이후에는 기획형 탈북이라고 하면 주로 이런 상황을 떠올리게 된 것이다.

기획형 탈북은 언제 처음 시작이 된 것일까? 아마도 2001년 6월 26일 당시 16세이던 장길수라는 소년과 그 가족 등 총 7명이 중국 베이징 주재 유엔난민고등판무관실 사무소에 집단으로 진입했던 일을 그 시초로 볼 수 있을 것 같다. 장길수라는 소년과 그 가족은 북한주민이 고난의 행군으로 사는 형편이 가장 어렵고 힘들던 1997년 이후 한두 명씩 탈북한 뒤 중국에 숨어 살다가 일부는 북송을 당하기도 하고 다시 재탈북하는 등 우여곡절을 겪으면서 유엔난민고등판무관실 사무소에 집단으로 진입하기도 했던 것이다.

그 뒤 2002년 3월 14일에 탈북민 25명이 한꺼번에 중국 베이징 주재 스페인 대사관으로 진입하는 일이 발생했다. 같은 해 5월 8일에는 장길수라는 소년의 친척 5명이 중국 선양 주재 일본 총영사관에 진입을 시도하는 일이 일어났다. 7월에는 베이징 주재 대한민국 총영사관에 탈북민 11명이 진입했고 9월 6일에는 탈북민 16명이 베이징 소재 독일 대사관 직영 국제학교에 진입하는 일이 그 뒤를 이었다.

그런데 이런 유형의 탈북을 기획하고 추진하는 한편 세상에 널리 알리는 과정에서 노르베르트 폴러첸이라는 독일인 의사가 깊이 개입하고 있다는 소식이 들려왔다. 물론 이와 같은 기획형 탈북이 노르베르트 폴러첸 혼자의 힘으로 달성할 수 있는 일은 아니라고 생각한다. 그렇지만 어떤 기준으로 보더라도 이 사람이 초창기 기획형 탈북을 하나의 유형으로 만들어 가는 과정에서 상당한 영향력을 행사했다는 사실을 누구도 부인할 수 없을 것이다. 2002년-2003년 사이에 노르베르트 폴러첸이 어떤 인물인지 소개하는 언론 기사가 쏟아져 나왔던 것도 바로 당시 이 사람의 영향력을 보여주는 징표의 하나라고 하겠다.[42]

이렇게 활발하게 활동하던 노르베르트 폴러첸은 늘 논란을 몰고 다녔다. 이 사람의 행적이 보수와 진보 사이에서 충돌을 빚는 원인으로 작용하는 경우도 많았다. 그러다가 결국 2005년 5월에 비자 유효기간이 끝났는데 한국에서 출국하지 않았다는 사유로 추방을 당한 것으로 알려졌다.[43] 그 뒤에도 미국 하원에서 북한 인권 문제 관련 증언을 했다거나[44] 한국 내 북한인권단체 40여 개와 해외 4개 단체가 함께 연합회를 구성하는 행사에 참여했다는 소식이 이어졌다.[45] 그렇지만 2008년에 자신의 트

---

42 이영태 (2002), 「탈북자 돕는 폴러첸, '휴머니스트'인가 '괴짜'인가: 미발표 인터뷰 요지-워싱턴포스트 기사 전문」, 『프레시안』 2002년 5월 16일; 김미영 (2002), 「노르베르트 폴러첸은 누구?」, 『NK조선』 2002년 6월 23일; 황호택 (2003), 「탈북자 지원활동 벌이는 독일인 의사 노르베르트 폴러첸」, 『신동아』 2003년 9월호.

43 유강문 (2005), 「'반북활동' 폴러첸 비자만료 추방령」, 『한겨레』 2005년 5월 25일.

44 강일중 (2006), 「NYT, 탈북지원 獨 의사 폴러첸 박사 소개」, 『연합뉴스』 2006년 4월 2일.

45 Voice of America (2007), 한국 내 40여 개 북한인권단체들 연합회 출범, 2007년 11월 13일.

위터를 통해 이명박 대통령이 후진타오 중국 주석에게 탈북자 강제북송 중단을 촉구하지 않으면 죽음으로 항거하겠다고 주장하며 청와대 앞에서 자살 기도를 한 이후로 그 행적이 잘 알려지지 않는다.

노르베르트 폴러첸의 행적이 조용히 사라진 이후에 한동안 기획형 탈북이 국내외 언론매체의 주목을 받는 일은 일어나지 않았다. 그러다가 2016년 중국 저장성 닝보에서 영업하던 류경식당 지배인과 여종업원 13명이 집단 탈북을 한 사건이 기획형 탈북의 새로운 유형으로 주목을 받기 시작했다. 그 이후 2022년 9월에 우즈베키스탄 수도 타슈켄트에서 3년 전 개업한 북한식당 여종업원 3명이 집단 탈북해서 국내로 입국하는 일이 발생했던 사실은 앞서 지적한 바 있다.

기획형 탈북의 두 가지 유형은 외견상 비슷해 보이지만 그 실상에는 다른 면이 있다고 하겠다. 바로 그 기획의 주체가 누구인가 하는 점에서 차이가 난다는 것이다. 예전에 노르베르트 폴러첸이라는 외국인이 탈북 경로를 기획하면 탈북민이 참여하는 방식으로 진행을 하는 유형이었던 반면 2016년 이후에 탈북민 스스로 기획의 주체로 나서는 느낌이 더 강하게 나타난다. 그러나 두 가지 유형의 차이점은 조금 더 자료를 모아 분석한 뒤 결론을 내리는 것이 필요하다고 생각한다.

10) 기타 유형의 탈북

지금까지 제시한 아홉 가지 유형이 34,000명 규모의 탈북민 이야기를 모두 담고 있는 것은 아니다. 당연히 그 이외에도 다양한 유형의 탈북 이야기가 존재할 것이다. 또한 탈북민 개인의 상황에 따라서 아홉 가지 유형 가운데 어느 하나로 분류하는 대신 연고형 탈북과 유학형 탈북의 결합 유형이나 생계형 탈북과 도피형 탈북의 결합 유형 등 몇 개의 유형을 동시에 적용해야 하는 사례도 있을 것 같다.

그렇지만 이 책에서는 앞서 제시한 아홉 가지 탈북 유형으로 구분하여 소개하는 수준으로 일단락해 볼 생각이다. 앞으로 구체적인 실증 자료를 토대로 더 촘촘하게 탈북 유형을 기록하고 그 의미를 세밀하게 분석하는 학자가 많아질 것을 기대한다.

4. 탈북 경로의 변화

2002년 이후 해마다 급격하게 늘어나던 국내 입국 탈북민의 규모는 김정은이라는 젊은 청년이 갑자기 사망한 그 아버지 김정일의 뒤를 이어 세습 후계자 자리를 차지한 직후인 2012년에 바로 그 전년도인 2011년에 비해 2/3 수준으로 뚝 떨어졌다.

그리고 대규모 감염병 사태인 코비드 19 확산을 우려하여 북한
당국이 국경봉쇄를 선언한 2020년 초반까지 그럭저럭 1,000명
을 넘는 수준을 유지하다가 2020년 연말에는 국내 입국 탈북민
의 규모가 229명에 불과했다. 2021년에는 그보다 더 낮아져서
겨우 63명의 탈북민이 국내에 입국했을 따름이다. 그리고 2022년
6월말 기준으로 겨우 19명이 국내에 입국한 것으로 통일부는
발표하였다.[46]

이렇게 국내에 입국하는 탈북민의 규모가 매년 달라지는 동안 이
들이 북한을 탈출한 뒤 한국까지 오는 경로 역시 다양한 변화
양상을 드러내 주었다. 이제 이 부분에서는 국내에 입국한 탈북
민 34,000여 명이 북한을 탈출할 때 주로 선택했던 경로는 무
엇이 있으며 또 그동안 이들의 경로 선택에 어떤 변화가 나타나
는지 정리해 보고자 한다. 북한에서 이른바 고난의 행군 이후
탈북 현상이 낯설지 않은 사회적 현상으로 자리를 잡은 이후 상
대적으로 소수의 사람이 선택한 탈북 경로와 비교적 다수의 사
람이 거쳐 온 탈북 경로를 구분하여 서술해 보려 한다.

---

46 통일부〉주요사업〉북한이탈주민정책〉현황〉최근 현황, https://
www.unikorea.go.kr.

1) 소수의 사람이 선택했던 탈북 경로

(1) 판문점과 군사분계선

아마도 탈북 경로 중에서 시각적으로 가장 관심을 끄는 유형은 판문점 공동경비구역에서 북한을 탈출하는 것이 아닐까 싶다. JSA라는 명칭으로 부르기도 하는 판문점 공동경비구역은 남과 북의 군인들이 무장한 상태로 늘 상대편 진영이 어떻게 움직이는지 지켜보고 있는 곳이다.[47] 이 말은 곧 공동경비구역 내부에서는 특정 지역에 있던 사람이 경계선 넘어 다른 쪽으로 넘어가려고 시도하는 일 자체가 목숨을 걸어야 할 정도로 위험한 행위라는 의미를 지닌다. 그런 탓인지 판문점 공동경비구역에서 탈북을 시도하는 사례는 그 숫자가 별로 많지 않다.

그렇지만 판문점을 통해서 탈북하는 사례가 한 번도 없었던 것은 아니라는 사실은 2017년 11월 13일, 오청성이라는 북한의 젊은이를 통해서 새삼 깨닫게 되었다. 당시 북한군 하전사로 근무하던 오청성은 차를 몰고 판문점 경계선을 넘어 탈북하다

---

47 1951년 10월 25일부터 휴전회담을 진행하는 장소로 사용하던 판문점은 군사분계선 상에 동서 800미터, 남북 400미터 정방향의 지역인데 원래 그 구역 안에서는 진영의 구분이 없이 넘나들 수 있었다. 그런데 1976년 8월 18일, 북한군의 도끼 만행 사건 이후 군사분계선을 따라 경계선을 만들고 분할경비를 하기 시작했다. https://nkinfo.unikorea.go.kr

차량이 수렁에 빠진 것을 알고 내려서 남쪽을 향해 전력질주를 하다가 동료들 총탄에 맞아 쓰러졌다. 탈북하는 그 순간까지 같은 편이라고 믿었던 동료들이 쏘아대는 총탄을 뚫고 경계선을 넘어 남쪽으로 내달리면서 오청성은 어떤 생각을 했을까?

그 사건이 발생한 뒤 얼마 지나지 않아 판문점을 방문하는 기회가 찾아왔다. 그동안 수십 차례는 방문했던 곳이었는데 그 사건이 발생한 지 얼마 지나지 않은 날이라 그런지 현장의 분위기는 자못 달랐다. 여느 때와 다르게 판문점 근무자들 분위기도 긴장감이 배어 나오는 것 같은 느낌이 들었다. 버스에서 내려 자유의 집에 들어서려 하는 순간 나도 모르게 총탄 자욱이 선명하게 드러나는 옆 건물 벽면에 눈길이 쏠렸다. 며칠 전 북한의 젊은 군인 몇 사람이 동료를 향해 총탄을 난사하던 장면이 저절로 떠오를 수밖에 없었다.

다행히 오청성이라는 젊은이는 한미 양국 군대의 치밀한 작전과 훌륭한 외과의사 이국종 교수의 수술로 목숨을 건졌다. 그러나 이 사건은 탈북 경로가 단일하지 않다는 사실을 새삼 일깨워 주었다. 물론 34,000명 규모의 탈북민 상당수는 일명 도망강이라고 부르는 두만강을 건너서 중국에 도착한 뒤 이런저런 경로를 거쳐 국내로 입국했을 것이다. 그런데 모든 탈북민이 똑같은 경로로 북한을 탈출한 것이 아니라 오청성과 같은 길을 거쳐 탈북했던 젊은이도 있었다는 사실을 우리 사회 구성원이 함께 기억하고 세밀하게 기록해 놓아야 한다고 생각한다.

오청성의 극적인 탈주 이외에 1998년 2월 3일 북한군 판문점 대표부 소속 변용관 상위가 자신의 근무지를 벗어나서 탈북하는 상황도 있었다. 이 사람은 자신이 판문점 경비장교로 근무했다고 진술했다. 또한 자신의 주요 임무는 한국 군인을 포섭하고 월북을 유도하는 일을 담당하는 심리전 요원이었다고 밝힌 것으로 알려졌다.[48]

판문점 공동경비구역보다 군사분계선을 넘어 탈북한 북한군 병사의 숫자는 조금 더 많은 것으로 나타난다. 군사분계선을 넘어 탈북한 사람은 20대와 30대 젊은 남성으로 대부분 북한군 현역 병사였던 것으로 나타난다.

돌이켜 보면 이미 1970년대 당시부터 군사분계선을 넘어서 탈북하는 북한군 병사가 나오기 시작했다. 그렇지만 군사분계선 경로를 선택하여 탈북을 시도하는 사람의 숫자가 많은 것으로

---

48 유용원 (1998), 「[귀순 변상위] 판문점서 심리전 담당」, 『조선일보』 1998년 2월 4일 기사; 주병철 (1998), 「북 장교 판문점 통해 첫 귀순/변용관 상위」, 『서울신문』 1998년 2월 4일자 23면 당시 국내 주요 신문과 방송에서 이 사건을 분석하는 기사를 쏟아내고 있었다.

보이지는 않는다.[49] 다만 2012년 10월에 당시 강원도 동부전선에서 이른바 노크 귀순 사건이 발생한 이후[50] 숙박 귀순[51] 및 수영 귀순[52] 등 젊은 남성이 군사분계선을 넘어 탈북을 감행하는 사례가 꾸준히 이어지고 있는 것은[53] 부인할 수 없는 사실이다.

(2) 해상 탈북

해상 탈북도 그 특유의 위험성 때문에 많은 사람이 선호하는 탈북 경로라고 볼 수 없다. 바다 위 특정 지점에 좌표를 찍고 북한이나 중국에서 출발한 배를 만나 탈북할 사람을 선박에서 선박으로 건너오게 하는 방식의 탈출 경로는 모든 과정에 위험한 요

---

49 나무위키는 2012년 이후 2021년까지 군사분계선을 넘어 탈북한 사례 총 17건을 발생 순서와 연도에 따라 정리하여 보여준다. 2022년 10월 15일 검색, https://namu.wiki/w/%ED%83%88%EB%B6%81#s-5.3.1

50 당시 북한군 병사 한 사람이 육군 제22사단 관할 동부전선에서 철조망을 넘어 경비대 출입문을 두드렸지만 별다른 반응이 없자 30미터 가량 떨어진 다른 소초의 출입문을 찾아 다시 노크한 것으로 알려져 있다.

51 2015년 6월에는 북한군 하전사 한 사람이 군사분계선 남쪽 500미터 지점에서 하룻밤 숙박을 한 뒤 다음 날 아침에 우리 군 경계병을 만나 귀순하겠다는 의사를 밝혔던 일이 있었다.

52 2021년 2월 16일에 강원도 고성군 민간인통제선 지역에서 잠수복과 오리발 같은 장비를 착용하고 해안가 배수로를 이용하여 탈북한 북한 남성을 검거한 사건이 있었다. 이 사람은 별다른 제지를 받지 않은 채 해상을 통과해 민간인통제선 근처 국도까지 내려 온 것으로 알려졌다.

53 BBC NEWS 코리아 (2018), 북한군 귀순: 1년 전 귀순 때와 무엇이 달라졌을까? 2018년 12월 1일; BBC NEWS 코리아 (2021), 북한인 월남: '노크 귀순'부터 '수영 귀순'까지…어떻게 내려 왔나, 2021년 2월 17일.

인이 도사리고 있어서 정말 최후의 수단이 아니면 선택할 엄두도 내기 어렵다는 것이 심층면담 대상자와 몇몇 경험자의 의견이었다.

무엇보다 북한에서 배를 타고 바다로 나가는 일 자체가 너무나 힘들다는 것이 이들의 주장이었다. 나침반이나 해도를 구하는 일도 쉽지 않은데 어렵사리 구해서 가족이 모두 배에 타고 바다로 나가려 하면 탈북 가능성을 의심해서 항구에서 아예 출항을 막는 경우가 많다고 했다. 이 단계에서 다양한 방면으로 뇌물을 쓰고 인맥을 동원해서 바다로 나간다고 해도 해상 경비대의 감시망을 뚫어야 하고 장비도 제대로 갖추지 못한 상태에서 험한 바다의 풍랑을 견뎌야 하는 만큼 당연히 사고의 위험이 상존한다는 것이었다.

그런데 지난 몇 년 사이에 일본의 해안가 근방에서 백골이 된 시체나 낡은 목선을 발견했다는 소식이 자주 들려 왔다. 2017년 12월에 연합뉴스 TV는 일본 아키타 현과 니가타 현 근처 해안에서 백골화된 시신 2구를 찾았다고 서술한 일본의 교도통신 共同通信 보도를 전달하면서 인근에서 표류하던 목선도 잇따라 발견했다는 소식을 전했다.[54] 보도의 내용으로 미루어 볼 때 비슷

---

54 연합뉴스 TV (2017), 日 아키타·니가타 해안서 北 추정 어선·시신 또 발견, 2017년 12월 7일.

한 소식을 일본의 신문과 방송에서 줄곧 다루어 왔다는 사실을 쉽게 알 수 있다.

실제로 일본에서는 비슷한 내용의 보도가 더 많이 나온다. 2019년 12월, 니혼게이자이신문 日本經濟新聞 기사에 따르면 일본의 서쪽 해변 니가타 연안에 위치한 사도섬 근처에서 목선을 발견했는데 그 내부에 7구의 시체가 있었다고 한다.[55] 2020년 2월 YAHOO Japan 뉴스는 매년 가을부터 겨울에 이르는 기간 동안 사도섬 근처에는 정체를 알 수 없는 낡은 목선이 표류해 오는 사례가 자주 발생한다는 소식을 보도하였다.[56] 이 보도에 따르면 일본 적십자사가 구체적 지역을 명시하지 않은 채 해마다 이 근방에서 낡은 목선과 시신을 발견한 것은 분명하며 2015년 이후 해마다 몇 구의 시신을 북한으로 돌려보냈는지 정리해서 발표했다고 밝혔다.[57] 지역신문 니가타일보 新潟日報 역시 신원을 확인할 수 없는 40대 남성의 시신을 해변에서 발견했다는 소식을 전했다.[58]

---

55 日本經濟新聞 (2019), 漂着の木造船から複数遺体 新潟・佐渡島,北朝鮮か, 2019년 12월 28일.

56 YAHOO (2020), 日本に漂着する北朝鮮漁船,遺骨──供養しているのは誰か, 2020년 2월 18일.

57 보도 내용에 따르면 2015년에는 시신을 돌려보낸 일이 없지만 2016년에는 32구, 2017년에는 11구, 2018년에는 21구, 2019년에는 6구의 시체를 북한으로 돌려보냈다고 일본적십자사가 밝혔다는 것이다.

58 新潟日報 (2022), 新潟西港の西突堤に身元不明遺体, 2022년 9월 7일.

일본 해안 근처에서 발견이 된 시신과 목선이 모두 탈북하려던 사람의 행적이라고 주장하려는 것은 당연히 무리한 일이라 생각한다. 아마도 대부분 물고기잡이에 나선 어선으로 보는 편이 가장 합리적인 해석이 아닐까 싶다. 사실 젊은 지도자 김정은이 집권 직후부터 식량문제를 해결할 방안을 찾느라 적극적으로 물고기잡이를 독려했다는 점은 잘 알려져 있다.[59]

그렇지만 심층면담 대상자 중에서는 바로 이런 분위기에 편승하여 오래 준비한 끝에 가족과 함께 고기잡이 어선으로 북한을 탈출한 사례도 있었다. 이런 흐름으로 미루어 일본의 해안가 어느 지점에서 백골 상태로 발견이 된 시신 중에는 분명히 해상 탈북을 시도한 사람도 있지 않았을까 추정할 따름이다.

(3) 해외 탈북

북한주민으로 태어난 사람이 정식으로 여권을 발급받아 출국한다는 것은 타고난 행운과 부단한 노력이 결합해야 가능한 인생 최대의 복을 누리는 일이라고 심층면담 대상자들 몇몇 사람은

---

59 안윤석 (2021), 「북한, "겨울철 물고기잡이 실적 높여라" 독려」, 『SPN 서울평양뉴스』 2021년 11월 5일; 이영재 (2014), 「김정은 '물고기잡이' 독려…북한 수산자원 고갈 우려」, 『연합뉴스』 2014년 11월 30일; 이영종 (2016), 「[평양 Insights] '죽음의 물고기잡이'에 내몰린 北 어민」, 『시사저널』 1418호, 2016년 12월 20일.

힘주어 강조하였다. 일단 출신성분과 사회성분이 나쁘다고 판정을 받은 사람은 북한에서 아무리 노력해도 여권을 발급받아 적법한 절차를 따라 외국으로 가는 길은 막혀 있다고 보는 것이 편하다고 이들은 말했다.[60]

그러다 보니 구(舊) 소련 시절 벌목공으로 나가는 사람도 이웃 주민이 모두 부러워하는 대상이었고[61] 중국 내 동북3성에서 일하는 봉제공으로 출국한다 하더라도 당사자는 물론이고 온 집안 식구들 어깨도 "긍지감으로" 으쓱해지는 느낌이 들게 된다는 것이었다. 어쩌다 드물게 유럽으로 출국하게 된 사람이 있다면 어느 나라로 무슨 일을 하러 가는지 따져볼 겨를도 없이 한 집안을 넘어서 마을 전체의 경사로 받아들이는 분위기라는 것이었다. 이런 일이 있을 때 집안에 돈이 없으면 빚을 내서라도 동네 잔치를 벌이지 않으면 욕을 먹을 정도라고 이들은 말했다.

---

60 2013년–2015년 즈음 중국의 동북지역에서 심층면담 대상자로 만났던 할아버지 한 분은 자신이 정식으로 여권을 발급받아 출국했던 사실에 "긍지감을 느낀다" 하고 자랑했다. 아울러 여권을 신청한 뒤 1년 반 정도 "문턱이 닳도록 드나들면서 얼마나 인사차림을 많이 했는지" 이루 헤아릴 수 없는 지경이라고 그 힘들었던 과정을 토로하기도 했다.

61 심층면담 대상자 몇 사람은 예전 소련에 벌목공으로 3년 정도 일하러 가는 일을 "재쏘 한 탕" 갔다 왔다고 표현했다. 이들은 "재쏘 한 탕" 다녀오면 살림이 펴서 주변 사람들 부러움을 사게 된다고 설명해 주었다.

이렇게 북한에서 출국하는 사람의 규모가 적다는 점을 감안하면 해외에서 탈북하는 북한주민이 몇 사람 없다는 것은 당연한 귀결이라고 생각한다. 어떤 의미에서 해외 탈북은 북한처럼 외국에 가는 경로가 막혀 있는 사회에서는 선택을 받은 소수의 상류층 주민이라야 생각해 볼 수 있는 대안이라고 하겠다. 한 마디로 해외 탈북은 "우리 같은 평민, 평백성, 하바닥 사람은 감히 꿈도 꿀 수 없는" 경로라는 것이 심층면담 대상자들 의견이었다. 실제로 해외 탈북이 발생했던 경로를 되짚어 보면 북한 식당 종업원 몇몇 사람이 개인적으로나 집단을 이루어 탈출했던 사례 이외에는[62] 대부분 외교관이나 무역일꾼, 외국에 거주하던 의사와 그 가족, 유학생 등으로 그 범위가 지극히 한정적인 것으로 나타난다.

2) 다수의 사람이 선택했던 탈북 경로

판문점과 군사분계선을 넘어 탈북하는 사례도 그렇지만 해상 탈북이나 해외 탈북은 모두 평범한 북한주민의 처지에서는 "마치

---

[62] 2016년 중국의 저장성 닝보에서 북한당국이 운영하던 류경식당 종업원과 지배인 등 13명이 집단 탈북한 일 이외에는 2022년 9월 우즈베키스탄 수도 타지키스탄 소재 북한 삭당 종업원 3명이 함께 탈북한 뒤 국내로 입국한 일이 있었다. 그 이외에 동남아시아 지역에서 북한 식당 종업원이 개별적으로 탈북해서 국내로 입국한 사례가 몇 차례 있었던 것으로 알려진다.

오르지 못할 나무 꼭대기 같은 느낌이라서" 그런 일이 있다는 이야기가 들려 와도 별다른 생각이 들지 않았다는 것이 심층면 담 대상자들 의견이었다. 이들은 어차피 "그런 일은 한 번도 내 몫이라고 생각해 보지 않아서" 애당초 해외에서 탈북하는 인물 을 부러워하지도 않았고 그들과 비교해 볼 때 자신의 처지가 서 글프다고 생각해 본 일도 없었다 하는 말로 북한에서 토대가 별 로 좋지 않은 사람의 심경을 토로하였다.

이 부분에서는 북한주민이 탈북하려고 할 때 가장 쉽게 떠올리 는 경로는 어떤 길이 있는지 간략하게 정리하고자 한다. 물론 여기 거론한 탈북 경로 외에 더 많은 길이 있을 것은 자명한 일 이라 하겠다. 그저 보편적으로 잘 알려진 탈북 경로를 몇 개 유 형으로 정리하겠다는 것이 이 글의 의도일 따름이다.

(1) 중국-몽골 경로

2000년 전후로 탈북 현상이 아직 세상에 많이 알려지지 않았던 시절, 북한을 탈출한 뒤 중국을 거쳐 몽골에서 항공편으로 국내 에 입국하는 경로를 선택하는 사람들이 있었다. 당시에 몽골 정 부는 비교적 탈북민을 대상으로 우호적인 정책을 고수하며 고비 사막을 넘어 중국에서 국경을 넘어 들어오는 사람을 받아들여서 음식을 제공하는 등 일정 기간 보호하는 역할도 수행했던 것으로 알려졌다. 그런 이유 때문인지 2000년 초반을 전후하여 고난의 행군 이후 탈북의 역사적 여정을 막 시작하던 초창기 무렵에는 드넓은 사마을 걸어서 통과해야 하는 상황에서도 그 위험을 무릅쓰고 몽골을 거쳐 탈북을 시도하는 사람들이 드물지 않았다고 한다.

그렇지만 시간이 지나면서 사막에서 길을 잃어버리기도 하고 물이나 식량이 부족해 사망하는 사례가 널리 알려지면서 탈북하려는 사람들 사이에서 조금 더 안전한 경로를 찾으려는 시도가 이어졌다. 한편으로 북한당국이 몽골 정부와 접촉하여 이 지역을 탈북의 중간 경로로 이용하지 못하게 막으려고 집요하게 노력한 결과도 어느 정도 영향을 미쳤을 것으로 생각한다.[63] 어쨌거나 분명한 사실은 시간이 지나면서 점차 중국-몽골 노선으로 탈북하는 사람들 비율은 급격하게 줄어드는 양상을 나타낸다는 점이라 하겠다.

(2) 중국-동남아시아-태국 경로

2022년 현재 국내에 거주하는 34,000여 명 규모의 탈북민 가운데 상당수는 북한을 탈출한 뒤 국내로 입국하는 과정에서 비

---

63 정원갑 (2013), 「몽골 대통령 만난 북한 지도부, 탈북 북방루트 차단 요청한 듯」, 『중앙일보』 2013년 10월 31일.

숫한 경로를 거쳐 왔을 것이다. 이들은 탈북한 뒤 곧장 중국의 동북 3성의 특정한 곳에서 어느 정도 시간을 보내다가 곧 쿤밍이라는 지역까지 이동하게 된다. 그리고 라오스와 캄보디아, 베트남 같은 동남아시아 국가로 들어갔다가 태국으로 진입한 뒤 수용소에서 어느 정도 시간을 보낸 이후 항공편으로 대한민국 국내로 오는 경로를 거쳐 입국하게 되는 것이다. 이 과정에서 탈북민이 감당해야 하는 심리적 긴장감이나 현실적 어려움은 이루 말로 다 표현할 수 없다는 것이 심층면담 대상자들 주장이었다. 목숨을 걸고 북한을 탈출했더니 중국에서 지내는 과정도 결코 쉬운 일이 아니었고 그 이후 동남아시아의 여러 나라를 거치는 여정도 절대 쉽지 않았다고 이들은 말한다.

탈북민은 오늘날까지도 중국에서 합법적인 "신분이 없어" 아무런 권리를 주장하지 못하는 처지에 놓여 있다. 국제사회와 탈북민 인권운동 단체를 중심으로 중국은 북한에서 탈출한 이들을 난민으로 인정해야 한다고 주장하는 움직임은 예전부터 강력했다. 그렇지만 중국 정부는 탈북 행위를 "비법월경" 범죄로 분류해 놓은 뒤 이들을 신고하는 사람에게 포상금을 주고 탈북민은 체포해서 북한으로 송환하는 행위를 여전히 멈추지 않는 실정이다.

이런 상황에서 북한을 탈출하여 중국에 들어선 탈북민은 각각 자신의 상황에 따라 서로 다른 생존전략을 모색할 수밖에 없는 처지에 놓인다. 누군가 먼저 한국에 가서 자리를 잡고 자신을 "끌

어주는" 사람이 있고 또 중국에서 제3국으로 가는 길을 안내해
주는 브로커의 도움을 받는 탈북민은 비교적 짧은 시간 안에 라
오스니 캄보디아, 베트남을 거쳐 태국으로 진입한 뒤 얼마간 수
용소 생활을 하면서 한국이나 달리 안전한 지역으로 갈 수 있다.

반면에 "한국에서 끌어주는" 가족과 친척이 없고 브로커의 안내
도 받지 못하는 사람은 북한을 탈출한 뒤 중국에 들어섰다 해도
마땅한 생존 대책을 마련할 수 없었다는 것이 심층면담 대상자들
발언이었다. 이런 상황에서 여성 탈북민이 중국인 남성에게 팔려
가는 선택지가 양날의 칼 같았다고 토로하는 면담 대상자도 있었
다. 언제 공안이 들이닥쳐 자신을 잡아 가두었다 북한으로 보낼
지 모른다는 생각에 늘 마음을 졸이는 상황에서 중국인 남성에게
팔려 간다면 그 남편이나 시댁 식구가 어느 정도 보호막이 되어
주지 않겠느냐 하는 생각이 들기도 한다는 것이었다.

그렇지만 탈북 여성이 중국에서 아이를 낳고 몇 년 동안 무난하
게 살았다고 해도 공안의 단속에서 완전하게 벗어날 방법은 없으
니 결국 항상 쫓기는 심정으로 불안하게 살아야 하는 처지는 조
금도 달라지지 않는다는 것이 이들의 주장이었다. 그러다 보니
중국에서 아이를 출산하고 중국인 남편과 비교적 오랫동안 별
탈없이 살았던 여성 탈북민도 결국에는 한국행을 결심하게 된다
는 것이었다. 그런데 중국에서 오래 살았다고 해도 여성 탈북민
에게 한국행은 여전히 위험한 길이라고 했다.

중국 내에서도 주로 탈북민이 은신처로 삼는 동북 3성 지역에서 출발하여 쿤밍에 도착할 때까지 이동하는 과정 역시 공안의 단속에 적발당할 위험이 도사리고 있다고 했다. 잠시도 안심하고 시간을 보낼 수 있는 순간이 없다는 것이었다. 한 걸음 더 나아가 쿤밍에 도착한 이후에 중국을 벗어나 라오스와 캄보디아, 베트남에 도착하는 길도 위험하지만 그 뒤에도 태국으로 들어서느라 맹그로브 숲이 우거진 산길을 따라 걷다가 긁히고 찢기는 상처를 입었던 일,[64] 위험하기 짝이 없는 것으로 보이는 조그만 쪽배를 타고 메콩강을 건너야 했던 일 등 태국 수용소를 거쳐서 한국에 도착할 때까지 한 단계씩 고비를 넘어갈 때마다 미처 예상도 할 수 없었던 난관이 도사리고 있었다고 이들은 말했다. 결국 상대적으로 덜 위험한 것으로 평가를 받는 경로라고 해도 탈북민이 마음을 놓고 편안하게 자신이 원하는 곳으로 이동할 수 있는 길은 없다고 하겠다.

그런 점에서 중국 정부가 국제사회 요청을 받아들여 탈북민을 난민으로 인정하는 수준에 이르지는 못한다고 하더라도 이들을 체포해서 북한으로 강제 송환하는 일이라도 멈출 수 없는 것인

---

64 맹그로브는 아열대와 열대 지방의 해변이나 습지에서 자라는 관목이나 교목을 말한다. 중국과 동남아시아 여러 나라 사이의 국경을 이루는 메콩강 주변을 따라 울창한 맹그로브 숲이 자리를 잡고 있는데 탈북민은 대부분 중국을 벗어날 때 맹그로브 숲을 지날 수밖에 없는 실정이다.

지 함께 생각해 볼 필요가 있다고 하겠다. 중국 정부가 탈북민을 "비법월경" 혐의로 체포해서 강제로 북한에 보내는 일을 멈추는 순간부터 수많은 사람이 안정적인 환경에서 자신의 미래를 새롭게 건설해 나갈 수 있을 것이다. 중국 정부는 국제사회의 일원으로서 최소한의 인권을 보장하는 책임을 감당해야 한다는 의미에서 탈북민을 난민으로 인정하기 이전에 먼저 이들을 체포한 뒤 강제로 북송하는 조치부터 당장 중단해야 할 것이라고 생각한다.

제3부

"지상낙원" 탈출 이후,
이들은 행복했을까?

제3부에서는 탈북민이 "지상낙원" 탈출 이후 과연 행복한 삶을 누렸을까 하는 의문점을 다루고자 한다. 북한당국은 탈북하는 사람을 비법월경자로 규정해 놓고 무섭게 단속하는 한편 중국과 국경을 이루는 지역에 이들의 탈출을 막으려는 목적으로 높다란 철조망을 설치해 놓았다는 점은 이미 앞에서 여러 차례 지적한 바 있다.

한편 중국도 탈북민이 북한을 벗어나 자국 내로 들어오는 것을 절대로 환영하지 않는다. 중국은 북중국경선을 따라서 철책선을 쌓아 두는가 하면 탈북민을 향해 경고라도 하는 것처럼 "비법월경 금지" 표지판을 곳곳에 설치해 놓았다. 한 걸음 더 나아가서 국경선을 넘어온 탈북민을 체포한 뒤 강제로 북송하는 일을 지금까지도 지속하고 있다. 그런 만큼 북한을 벗어나 탈북을 시도하는 사람은 시작 단계부터 이미 "심장이 쪼그라드는 것 같은" 긴장감 속에 불안한 시간을 보낼 수밖에 없는 실정이라는 것이 심층면담 대상자들 의견이었다.

[사진 1] 북중 국경지역 비법월경 금지 표지판

이렇게 아무도 환영하지 않는 상황에서 목숨을 걸고 국경을 넘어 "지상낙원" 탈출에 성공하고 난 이후에 탈북민은 모두 행복한 삶을 누리는 것일까? 일단 탈북에 성공하면 그 이후에는 미처 예상하지 못했던 어려움에 봉착하는 상황은 일어나지 않는 것일까? 탈북 이후에 이들의 삶을 괴롭히는 요인으로는 과연 어떤 것이 있을까?

심층면담 대상자들 의견을 정리해 보면 북한을 탈출하고 난 이후에도 이들이 곧바로 행복한 삶을 누릴 수 있는 것은 아니라고 말했다. 이른바 "지상낙원" 북한을 탈출한 이후에도 곧바로 안전한 삶을 누리게 되는 것은 아니라고 했다. 항상 그렇지는 않겠지만 간혹 예상하지 못했던 위험에 노출이 되는 상황도 발생한다고 이들은 토로했다. 북한을 떠난 이후에 탈북민이 경험하게 되는 위험의 양상은 이들이 북한을 탈출할 때부터 어떤 경로를 선택하여 대한민국 등 안전한 최종정착지로 향하려 했는가 하는 점에 따라서 달라지는 것 같았다.

우선 중국으로 들어서는 탈북민은 대부분 "신분이 없다는 이유로" 중국 공안에 체포를 당한 이후 강제로 북송을 당할지도 모른다는 생각으로[1] 늘 불안에 떨면서 지내야 한다는 사실은 이미 널리 알려져 있다.[2] 심지어 중국인 남성과 가정을 이루고 자

---

1 중국 정부가 전산망 연결을 강화하면서 가짜 신분증 단속을 강화하기 이전에는 탈북민 중에서 위조 신분증을 사용하는 사람이 많았다. 단순히 사진을 갈아붙이는 방식으로 신분증을 위조하는 경우도 있었지만 아예 비싼 돈을 주고 죽은 사람 호구를 사서 대신 사용했다는 탈북민도 드물지 않았다.

2 최근에 들어와서 중국 공안당국이 탈북민 관련 신분 정책을 어느 정도 완화하기 시작한 것으로 보인다는 소식이 들려오기도 한다. 중국인 남성과 탈북민 여성 사이에서 출생한 자녀라고 해도 어느 정도 비용을 지불하면 호구 등록을 해준다거나 비교적 오랫동안 중국인 남성과 결혼해서 자녀를 출산한 뒤 "말썽없이" 잘 살아온 탈북민 여성에게 임시신분증을 발급해서 행정적인 관리의 대상으로 삼는다는 소식 등이 바로 이런 경우에 해당한다고 하겠다. 이런 변화가 발생한 배경을 짚어보면 자신의 아내인 탈북민 여성을 강제로 북송했을 때 중국인 남편이나 그 가족이 예전과 달리 적극적으로 항의하거나 뇌물을 주고 빼돌려 아예 한국으로 가는 길을 주선하는 일도 많아졌다는 점에서 원인을 찾을 수 있을 것이다. 그렇지만 이보다 훨씬 더 중요한 원인은 중국 내 출산율 저하로 곧 다양한 인구 문제가 현실화할 시점이 멀지 않았다는 위기의식이 작용하기 시작한 결과가 아닌가 싶다.

녀를 출산한 뒤 비교적 오래 살았던 여성 탈북민이라고 해도
예외는 아니다. 길을 가다가도 언제 중국 공안이 신분을 확인하고
자신을 잡아갈지 모른다는 생각에 이들은 늘 공포감에 시달렸다
고 말했다. 한동안 이웃 사람과 사이좋게 지낸다고 해도 언제 그
사람이 자신을 고발하여 마을이나 집안까지 공안을 불러들일지
알 수 없다는 생각에 아무리 부당한 일을 겪어도 항의도 하지 못
한 채 숨죽여 지내야 한다는 것이었다. 실제로 주변 사람들 신고
로 공안에게 잡혀 강제북송을 당했던 탈북민의 경험담을 들으면
이들의 걱정을 지나친 기우로 볼 수 없다는 생각이 들기도 한다.

게다가 불안에 떨면서 살다가 도저히 견딜 수 없어 중국을 떠
나 한국으로 가려고 집을 나서는 것도 쉬운 일이 아니라고 이들
은 하소연했다. 중국을 벗어나는 길 역시 곳곳에 위험으로 가득
차 있는 상황이 계속 이어진다는 것이었다. "신분이 없는 상태
에서" 기차나 버스를 타는 것도 위험하고 심지어 개인의 차량을
이용해서 이동한다 해도 중국 공안의 손길을 피한다는 보장이
없으니 마냥 안심할 수 없는 것이 탈북민의 처지라고 이들은 토
로하였다. 또한 온갖 우여곡절을 겪으면서 중국 남서부 쿤밍이
라는 지역에 도착해 이제 곧 "공안의 손아귀에서 벗어날 수 있
다는 꿈에 부풀어 있을 때" 체포를 당할 가능성도 배제하지 못
한다고 했다. 실제로 쿤밍에 도착해서 안심하고 있을 때 중국
공안에 체포를 당한 뒤 북한으로 다시 끌려간 사람도 있었다.

한 걸음 더 나아가 무사히 중국을 벗어나 라오스나 캄보디아 등 주변 국가에 들어선 이후에도 탈북민은 여전히 중국 공안의 손아귀에 잡혀 강제 북송을 당할 가능성이 남아 있어 두려움에 떨어야 하는 처지라는 것이 이들의 의견이었다. 특별히 운이 좋아서 현지 경찰이 뇌물을 받고 이들을 풀어 주는 경우가 있기는 하지만 사정을 봐주지 않고 그대로 중국 공안에 넘기는 사례도 드물지 않다는 것이었다. 탈북민이 나름의 안도감을 느끼는 순간은 태국에 도착한 뒤 태국 정부가 운영하는 수용소에 들어가고 난 다음의 일이라는 것이 심층면담 대상자들 의견이었다.

그 이외의 몇몇 탈북민은 자신이 선택한 탈북 경로에 따라 험한 바다와 사막에서 언제 목숨을 잃을지 모르는 위험을 견뎌내야 하는 상황에 놓이기도 한다. 그보다 더 소수의 탈북민은 무서운 감시망을 뚫고 해외 곳곳에서 대한민국 대사관이나 영사관을 찾아 들어서는 순간까지 마음을 졸이면서 "운명을 걸고 인생이 막다른 골목에서 한 판 도박을 하는" 것 이외에 달리 생명을 구하는 길이 없다고 했다.

심층면담 대상자들 의견을 들어보면 이렇게 위험한 상황에서는 단순한 생존 본능 이외에 별다른 감정이 들지 않는다고 했다. 어떤 수단을 쓴다고 해도 일단 살아남아야 한다는 생각이 강력하다는 것이었다. 이 정도로 험난한 여정이라는 것을 알았더라

면 자신이 과연 탈북을 선택했을지 의문이 든다고 말하는 심층
면담 대상자도 만났다. 그런데 우여곡절을 다 겪고 안전하다는
것이 확실한 상황에 이르렀을 때 오히려 죄책감과 무력감 등 심
리적 피폐함으로 우울증상을 겪게 된다는 것이 심층면담 대상자
들 의견이었다. 이제 그 내용을 제3부에서 간략하게 정리해 보
고자 한다.

1. 안전해졌을 때 나타나는 심리적 증상

1) 안도감 이후에 찾아오는 죄책감

심층면담 대상자들 의견을 정리해 보면 이제 더 중국 공안의 추
적을 당하지 않게 되었다는 사실이 분명해졌을 때, 바다와 사막
의 위험에서 확실하게 벗어난 것이 분명해졌을 때, 대한민국 대
사관이나 영사관의 도움으로 안전하다는 것이 확실해졌을 때,
새삼 죄책감이 자신을 사로잡는다는 경험을 한다고 했다. 이제
더 이상 북한이나 중국의 공권력에 쫓겨 다닐 필요가 없고 온전
히 안전해졌다는 것을 확신할 수 있을 때 비로소 북한이나 중국
에 두고 온 가족이 어떻게 지내고 있을까 하는 생각이 떠오르는
이유가 무엇인가? 이제 겨우 도망 다니지 않아도 될 정도로 상
황이 안정이 되었을 뿐인데 그때부터 더 힘들어진다고 이들은

하소연했다. 가족을 "지옥 같은 곳에 버려둔 채" 혼자 탈출해서 나왔다는 죄책감에 "발편잠을 자지 못하고 밥을 먹어도 맛을 모르는 상태로 지내느라" 심신이 오히려 더 고단해지는 이유가 무엇인지 모르겠다고 심층면담 대상자 상당수가 내면의 복잡한 심경을 토로하였다.

한참 목숨의 위협에 시달리는 기간에는 무의식 세계 속에 깊숙하게 자리를 잡고 있던 죄책감이 자신의 안전을 확인하고 난 이후에야 강력하게 수면 위로 떠오르면서 탈북민의 몸과 마음을 피폐하게 만드는 것으로 보인다. 특히 어린 자녀를 두고 떠나야 했던 젊은 엄마는 극심한 죄책감에 시달리느라 자신의 몸과 마음을 돌보지 않고 우울감에 빠져 스스로 자학하는 증상을 시달리기도 하는 것으로 나타난다.

안도감 이후에 비로소 떠오르는 죄책감은 탈북민이 자신의 의지로 쉽게 극복할 수 있는 감정 상태가 아니라는 점은 너무나 명백한 사실이다. 게다가 대다수 탈북민이 자신의 감정 상태가 정확하게 어떤 상태인지 모르며 또 이런 상황을 건강하게 극복하려면 어떻게 대응해야 하는지 관련 정보를 충분히 알고 있는 상태도 아닌 만큼 문제는 더욱 심각해진다고 하겠다. 심층면담 대상자 중에서도 자신이 심리적으로나 정신적으로 어떤 상태인지 면밀하게 관찰하고 적절한 단계에서 전문기관의 도움을 요청하는 능력을 갖춘 사람이 많았다고 장담하기 어렵다. 대체로 이들은 하루하루 살아가는 일에 급급하게 지내는 것으로 보였다. 실제로 하루하루 돈벌이를 해도 당장 탈북할 때 노움을 준 브로커 비용을 갚아야 한다거나 북한과 중국에 남은 가족에게 송금해야 한다면서 초조해하는 등 늘 돈이 부족해 쪼들리며 살아가는 실정에 놓여 있는 것으로 보이는 사람이 많았다. 이렇게 힘들고 어려운 상황에서 자신이 통제할 수 없는 죄책감을 다스리는 방법도 마땅하지 않으니 결국 알코올이나 약물에 손을 대는 탈북민도 나타난다는 것이 심층면담 대상자들 의견이었다.

2) 배신자와 변절자라는 내면의 아우성

이렇게 죄책감에 시달리는 단계에서 탈북민을 더욱 힘들게 만드는 요인은 바로 자신의 내면 깊숙한 곳에서 배신자와 변절자라는 아우성이 끊임없이 들려 온다는 점이 아닐까 싶다. 이 책의 앞부분에서 이미 몇 차례 지적했지만 탈북이 곧 배신과 변절의 행위라고 힐난하는 논리는 북한당국이 탈북민을 향해서 가장 빈번하게 쏟아내는 비난의 방식으로 잘 알려져 있다. 그런데 북한당국을 피해서 "지상낙원" 탈출을 도모한 탈북민이 스스로 자신이 선택한 삶의 경로를 배신과 변절이라는 논리로 비난하며 흔들리는 모습을 드러내는 것이 오늘날의 현실이다.[3] 논리적으로

---

3 심층면담 과정에서 자신의 탈북이 배신과 변절이라고 말하는 사람을 향해 누구를 배신했다는 것인지, 무엇을 기준으로 어떤 변절을 했다는 것

생각해 볼 때 탈북민 스스로 자신의 행위를 배신과 변절로 비난하는 것은 그야말로 심각한 모순이 아닐 수 없다고 생각한다.

문제는 논리적으로 따져 볼 때 아무리 모순적 행위라고 해도 현실적으로 탈북민 스스로 자신의 내면에서 치밀어 올라오는 배신자와 변절자라는 아우성을 이겨내지 못하는 것이 명백한 현실이라는 점이라 하겠다. 더 안타까운 현실은 탈북민들 스스로 이런 상황을 문제로 인식하지 않고 자신이 괴로움을 겪는 원인을 외부에서 찾는 경우가 많아서 전문가 집단의 도움을 제대로 받지 못할 가능성이 농후하다는 점이라고 생각한다.

솔직히 2022년 현재 시점에서 이런 문제를 어떻게 해결해야 하는지, 과연 해결할 수 있는 일인지 잘 모르겠다. 탈북민을 지원하는 단체와 활동가 집단이 이와 같은 상황을 정확하게 파악하고 정책적 지원을 받을 수 있도록 연결해야 한다고 강조하는 것이 전문가 집단의 일반적인 의견이지만 사실 그런 일이 쉽지 않다는 정도는 누구나 알고 있지 않을까 싶다. 무엇보다도 가장 심각한 문제점은 탈북민들 스스로 자신의 상황을 드러내고 싶어 하지 않는다는 것이 한계로 작용하는 경우가 많다는 점이라 하겠다. 자신을 드러내려 하지 않는 탈북민의 일상에 적합하면서

인지 질문해 본 일이 많았다. 신기할 정도로 이런 질문에 명확하게 답변을 제시해 주는 심층면담 대상자를 만날 수 없었다.

도 주변에서 그들을 지워하는 정책 담당자와 활동가들 현실에도
유용한 해결 방안을 찾아내야 하는데 아직 그런 목표를 달성하
는 일은 요원한 단계가 아닌가 하는 생각이 들 따름이다.

3) 갈 수 없어 더 절실한 그리움

심층면담 대상자들 이야기를 듣다 보면 제일 싫은 날이 설날이
나 추석 명절 당일이라는 말이 드물지 않게 나온다. "온 세상 사
람이 모두 몇 시간을 운전하느라 지쳤다고 하거나 음식 만드느
라 고단하고 오고 가는 길이 복잡해서 힘들었다고 투정하는데
그 꼴이 보기 싫고 얄밉다는 생각이 들어서" 얼굴을 돌리게 된
다고 이들은 토로하였다. 그렇게 불평하는 모습이 마치 자신에
게는 "명절이 되어도 갈 곳이 없는 탈북민에게 들으라는 듯 자
랑을 하는 것으로 느껴져" 속상한 심정이었다고 심층면담 대상
자 몇몇 사람은 토로하기도 했다.

사실 이렇게 복잡한 마음을 토로하는 탈북민 자신도 이런 주장
이 논리적으로 타당하지 않다는 점 정도는 충분히 알고 있을 것
이라고 생각한다. 그렇지만 잔뜩 심정이 상해 있는 상태인 만큼
주변 사람이 단순히 상황을 설명하는 말을 꺼내도 그런 상황에
편안하게 대응하지 못하고 날이 선 반응을 하다 갈등을 빚는다
는 점이 문제라고 하겠다. 이런 경우에 상대방이 탈북민의 사정

을 잘 이해하지 못하거나 이들의 특성을 파악하고 있는 중재자가 적절하게 개입하지 않는 한 비슷한 갈등이 일상적으로 발생하면서 인간관계를 망치게 될 가능성도 있는 일이다.

4) 새삼 인생이 억울해지는 박탈감

심층면담 대상자들 의견을 종합해 보면 강제북송의 위험이 사라지고 더 이상 중국 공안에게 쫓겨 다니지 않아도 되는 상황에 돌입하고 난 이후에 비로소 주변을 돌아보게 되는데 그때부터 새삼 자신의 삶이 서럽고 억울하다는 생각이 드는 경우가 많은 것으로 나타난다. 어느 날 1959년에 출생한 동갑내기 심층면담 대상자를 만나 이런저런 이야기를 나누고 있는데 갑자기 그 사람이 한숨을 쉬면서 이런 말을 하는 것이었다: "만약에 북한이 아니라 다른 곳에서 태어났더라면 나도 교수님처럼 미국 유학도 가고 박사 공부도 할 수 있었겠죠?" 정말 짧게 지나가는 찰나의 순간이기는 했지만 그 분을 향해 어떻게 답변해야 하는지 참으로 난감하다는 생각이 들었다.

그런데 이렇게 자신의 인생이 억울해지는 심정이 들 때 그 원망의 화살을 북한체제와 김일성-김정일-김정은을 향하여 쏟아내는 탈북민이 많지 않다는 점은 정말 신기하게 느껴지는 부분이었다.[4]

---

4 개인적으로 이런 결과야말로 북한당국이 꾸준히 추구해 온 세뇌교육이

한 걸음 더 나아가 대한민국 정부와 시민사회가 앞장서서 "목숨을 걸고" 이 땅을 찾아온 탈북민이 상대적인 박탈감을 느끼지 않도록 더 많은 기회를 세심하게 제공해야 한다고 역설하는 심층면담 대상자도 꽤 많이 만났다.[5]

심층면담 대상자 중에서는 자신이 한국에 입국한 뒤 상대적 박탈감으로 고통을 느낄 때마다 그 억울한 심정을 해소하는 방안으로 자녀교육에 집착하면서 가능한 방법을 찾아서 몰입하는 사람도 만날 수 있었다. 이들은 한편으로 "부모가 전혀 신경을 쓸 일이 없었던" 북한 교육을 그리워하면서도 또 한편으로 자신의 자녀는 "여기 사람들 모두 입을 딱 벌릴 만큼 이름난 명문 학교에 보낼 방법을 찾느라" 다양한 방법을 동원해서 온갖 노력을 기울이는 모순적인 모습을 드러내기도 한다.

거두어 들이는 성과가 아닌가 하는 생각이 들기도 한다. 실제로 2019년 당시 탈북 북송재일동포의 신산한 삶을 파악할 목적으로 한국과 일본에서 사람들을 만나 심층면담을 진행할 때 북송사업에 따른 고통을 애절하게 호소하면서도 막상 그런 사태를 빚어낸 북한당국을 원망하는 정도가 크지 않아 놀랐던 기억이 떠올랐다.

5 그렇게 설파하는 심층면담 대상자를 향해서 대한민국 정부와 시민사회가 굳이 왜 그렇게 해야 하는지 물어보았을 때 충분히 설득력을 지닌 답변을 들었던 기억은 떠오르지 않는다. 더욱 난감한 일은 이렇게 탈북민을 세심하게 배려하고 더 많은 기회를 제공하라 하면서도 한편으로는 탈북민을 별도로 구분하지 말고 일반 국민과 동일하게 대접해야 한다고 역설하는 사람이 많다는 점이다. 비록 의도적인 행동으로 보이지는 않지만 이들은 현실적으로 양립 불가능한 요구를 동시에 실천할 것을 대한민국 정부와 시민사회에 주문하는 상황이라 하겠다.

탈북의 역사
지상낙원 북한을 탈출하다

5) 2등시민에 머무를 것 같은 무력감

심층면담 대상자들 의견을 종합해 볼 때 생존 자체를 위협하는 시절에서 벗어나고 난 이후에 주변을 돌아보다 상대적 박탈감을 더욱 크게 느끼는 이유는 바로 "이제부터 기를 쓰고 노력해도 결국 2등시민 처지를 벗어 못날 것 같은 불안감" 때문으로 귀결이 되는 것 같다. "여기 생활이라는 게 결국 어린아이도 잘 다루는 컴퓨터도 못하고 온통 외래어 투성이라서 살라는 것인지 죽으라는 것인지 알아 못듣는" 상황이 이어지면서 스스로 무력감을 느끼는 일이 많다고 이들은 하소연하였다. 한 걸음 더 나아가 이제부터 애써 노력해도 "여기 사람들 따라가는 일은 불가능하지 않을까" 싶어서 더 불안하고 초조해진다고 내면의 복잡한 마음을 토로하는 심층면담 대상자가 많았다.

그러다 보니 누군가 급하게 마음먹지 말고 한 걸음씩 차분하게 준비하며 미래를 도모하라고 조언해도 "탈북민의 처지를 모르고 저런 말을 하는 것이라는 생각이 들어" 야속하기만 하고 그 내용을 귀담아 듣고 일상에서 실천하고 싶은 마음이 없어진다고 말했다. 이렇게 마음이 급한 상태에서는 주변에서 진심으로 조언을 한다고 해도 오히려 그런 말에는 귀를 기울이게 되지 않는다고 이들은 토로하였다.

게다가 아무리 좋은 조언을 해도 그 내용을 무시한 채 하루라도 빠르게 남보다 높은 사회적 지위에 올라 성공한 인생을 살려고 서두르다 보면 자연히 무리수를 두게 마련인데 바로 이런 점이 문제라고 하겠다. 탈북민 중에 사기 피해를 당한 사람이 많은 현상은 이렇게 무리수를 두더라도 빨리 2등시민 위치를 벗어나 주변 사람의 존경을 한 몸에 받고자 하는 이들의 욕구를 근본적으로 원인을 찾아내서 이해하지 않으면 합리적인 대응 방안을 찾기 어려운 실정이라 하겠다.

6) 어디 소속인지 혼란스러운 정체성

심층면담 대상자들 의견을 정리해 보면 북한당국이 미사일을 쏘아 올리거나 핵실험을 했다는 소식이 들릴 때마다 마치 주변에서 자신을 비난하는 것 같아 "눈길을 어디 두어야 하는지 모르겠고 마음도 괴롭다" 하는 사람이 드물지 않았다. 국제적인 규모의 축구 경기를 구경할 때마다 주변 사람 모두 자신이 어느 나라 팀을 응원하는지 지켜보는 것 같아서 불안해진다는 하소연도 나왔다. 무심코 북한 대표팀을 "응원하는 말이 입에서 튀어나와 깜짝 놀라" 주변 사람들 눈치를 본 일도 있다는 심층면담 대상자도 드물지 않았다. 그런가 하면 한편으로 자신의 자녀만큼은 부모의 고향인 북한을 잊지 않고 그 정체성을 그대로 고수할 것을 원하면서도 "하루라도 빨리 여기 아이들 모습을 갖추어" 적어도 외면상으로는 탈북민이라는 사실이 드러나지 않게 되었으면 좋겠다는 모순적 희망을 피력하기도 한다.

이런 이야기는 모두 탈북민은 스스로 정체성 문제로 얼마나 내면의 갈등을 겪으면서 살아가는지 잘 드러내 준다고 하겠다. 또 한편으로는 탈북민 대다수가 일상생활에서 늘 다른 사람들 시선을 의식하면서 흔들리는 마음을 다잡느라 정신적으로 상당한 에너지를 소모하는 시간을 보내고 있는 현실을 드러내 준다. 요약해 보면 이런 상황은 곧 우리 사회에서 탈북민으로 살아간다는 것은 순간순간 "나는 남과 북 사이에서 과연 어느 쪽에 속한 것인가" 하는 문제로 고민하는 상황을 벗어나기 힘들다는 의미로 이어진다고 하겠다.

2. 탈남과 재입북

북한을 탈출한 뒤 대한민국에 입국했다 해도 여전히 심정적으로 힘들고 어려운 시절을 겪는다는 사실은 탈북민으로 하여금 더 나은 삶의 기회를 모색하고 더 좋은 세상을 찾아 나서고 싶은 욕구를 불러일으키는 것 같다. 탈북민 속에서 간혹 탈남한 뒤 영국이나 캐나다, 호주 등으로 또 다른 삶의 기회를 찾아 떠나거나 아예 북한으로 다시 입국하는 경우도 분명히 나타난다. 재미있는 사실은 대한민국을 떠나 뒤 다시 북한으로 가는 사람과 영국이나 캐나다, 호주 등으로 떠나는 사람의 탈남 사유가 그 결이 미묘하게 다른 것으로 나타난다는 점이라 하겠다.

우선 영국이나 캐나다, 호주 등으로 떠난 사람들 상황을 살펴보고자 한다. 언제부터인지 명확하게 선을 긋는 것은 어려운 일이지만 2000년 이후 어느 시점부터 국내에 거주하는 탈북민 사회에서 영국으로 떠나는 방법을 알음알음 소개하는 움직임이 나타나기 시작했었다. 당시 탈북민 사회에서는 임대주택 보증금을 비롯하여 자신이 당장 마련할 수 있는 돈을 모두 모아서 관광객처럼 한국을 떠난 뒤 여권을 없애고 북한을 탈출해서 곧바로 영국에 도착했다고 우겨야 한다는 비법이 공공연하게 떠돌기도 했다. 아직도 이런 흐름의 배경이 구체적으로 알려진 상황은 아니지만 아마도 그 배경에 일종의 브로커 조직이 활약했으리라고 생각한다.

이 흐름이 오랫동안 이어진 것은 아니지만 그 이후에 몇 년쯤 탈북민 사회를 크게 흔들어 놓은 움직임이라는 사실은 누구도 부인할 수 없다고 생각한다. 그러다가 이들이 북한을 탈출한 뒤 곧바로 영국에 도착하는 것이 아니라 한국에 입국한 뒤 얼마쯤 지내면서 다양한 혜택을 받았다는 사실을 영국 정부도 인정하면서 상황이 달라졌다. 이런 상황에 대처하여 영국에 들어가고 싶은 탈북민은 자신이 한국사회에서 정치적으로 탄압을 받는다거나 사회적인 차별이 심해서 살아갈 수 없을 정도라고 주장하는 사례가 많아지기 시작했다. 그러나 탈북민의 이런 주장은 영국 정부를 설득하지 못한 것으로 나타난다.

이렇게 영국으로 입국하는 길이 사실상 막혀 버리자 탈북민 사회에서는 캐나다와 호주를 그 대안으로 삼는 움직임이 나타나기 시작했다. 드물지만 탈북민 중에서는 영국에서 추방을 당한 뒤 국내로 들어와 한동안 시간을 보내다가 캐나다나 호주로 가서 다시 난민 신청을 하는 사례도 나타났다. 그런데 시간이 지나면서 영국과 같이 캐나다와 호주 정부도 일단 대한민국에 입국했던 탈북민이 자국에 들어와 난민 지위를 요청해도 승인하지 않는 방향으로 정책을 선회하였다. 최근에 들어와 탈북민의 난민 신청을 거부한 뒤 이들을 한국으로 추방하는 사례가 늘어나는 실정이다.

반면 탈남 이후 북한으로 재입북하는 탈북민의 경우에는 그 경로가 두 가지 유형으로 나뉘어 나타난다. 우선 재입북한 이후 어느 정도 시간이 지나 가족을 대동하고 다시 탈북하는 경우가 있다. 처음부터 가족을 데리고 나올 목적으로 탈남을 해서 북한으로 들어갔었다고 고백하는 사람도 나타난다. 반면 탈남 이후 북한 방송이나 신문 지면을 통해 한국은 "그야말로 생지옥 같은 곳요료" 사람이 산 수도 없지만 탈북민은 사회적 차별 때문에 더욱 살기 어렵다고 비난을 쏟아내는 사람도 나타난다.

사실 탈남한 사람들 비난을 들으면 탈북민의 관점에서 볼 때 한국사회는 절대로 평온한 삶을 이어갈 수 없는 사회라는 곳이라는 느낌이 들 정도라고 하겠다. 재미있는 사실은 심층면담 대상자들 이야기를 종합하면 최종적으로 탈북은 그래도 자신의 인생에서 가장 잘 선택한 일이라는 결론이 나온다는 점이라는 것이다.

3. 그래도 탈북은 정말 잘했다는 결론의 의미

심층면담 대상자들 의견을 정리해 보면 탈북 과정은 전체적으로 위험하기도 하고 자칫 목숨을 잃을지도 모르는 험로라는 사실은 명확하게 드러난다. 북한을 탈출하는 그 순간만 위험한 것이 아니라 그 이후에도 계속 위험한 길을 지나야 비로소 대한민국을 비롯한 최종정착지에 들어와서 안전한 상태에 도달하게 된다. 그리고 안전한 상태에 도달하면 그때부터 죄책감을 비롯하여 인생을 힘들게 만드는 다양한 감정의 소용돌이에 시달리면서 살아가게 된다는 것이 심층면담 대상자들 의견이었다. 그렇다면 이들은 스스로 탈북을 잘한 일이라고 생각하는 것일까 하는 의문이 들었다.

이런 의문을 토대로 심층면담 대상자들 스스로 탈북은 잘한 일이었다고 생각하는지 실제로 질문해 보았다. 이 질문에 답변해 준 심층면담 대상자는 대략 100명 규모인데 그 결과가 아주 재미있게 나타났다. 구체적으로 탈북민을 대상으로 현재 생활에 만족하는지 0점부터 10점 사이에서 몇 점을 주고 싶은지 먼저 질문해 보았다. 그리고 난 이후에 과연 탈북은 잘한 일이라고 생각하는지 다시 0점부터 10점까지 점수를 말해 달라고 요청하였다.

결론적으로 심층면담 대상자인 탈북민은 현재 생활에 만족하는 정도보다 탈북은 더 잘한 결정이라고 생각하는 것으로 나타났다. 이들의 점수 분포를 요약해 보면 현재 생활에 어느 정도 만족하는지 질문했을 때 6점부터 8점 사이 점수를 선택하는 사람이 많았지만 탈북이 잘한 일이라고 생각하는지 물어보자 그 답변이 9점 이상이라고 답변하는 비율이 압도적으로 높게 나타났다.

물론 이 점수 하나로 과도한 해석을 하는 것은 절대 금물이라고 생각한다. 그래도 여전히 두 개의 질문에 심층면담 대상자인 탈북민이 답변한 점수가 이 정도 차이를 드러내 준다는 사실은 분명히 흥미로운 부분이라고 생각한다. 한 마디로 이들은 현재 살아가는 형편이 아주 만족스러운 정도는 아니지만 그래도 자신이 북한을 탈출하지 않고 그냥 그 곳에 남아 있을 경우와 비교하면 지금이 훨씬 낫다고 생각하는 것으로 해석할 수 있다는 결론이 나온다.

제4부

탈북을 우리의 역사로
만들면 어떨까?

이 책의 첫머리에서 아래와 같은 질문을 했던 것을 독자 여러분이 기억해 주시리라 생각한다: 북한을 탈출하는 사람들의 여정을 우리가 모두 공유하는 공동체의 역사로 기록할 수 있을까?

책을 마무리하는 시점에서 이 질문에 답변하라 하면 탈북은 우리가 함께 기억해야 할 역사로 기록해야 마땅한 일이라고 생각한다. 그런 의미에서 제4부의 제목은 이렇게 정해 보았다: 탈북을 우리의 역사로 만들면 어떨까?

이 책을 쓰는 동안 우리는 내내 탈북민이 이른바 지상낙원 북한을 벗어나 탈출하는 현상과 관련한 다양한 내용을 "그들의 이야기" 정도로 가두어 놓은 채 좁은 범주의 역사로 취급해 왔던 것이 아닌가 하는 생각이 들었다. 만약 이제부터 탈북 및 탈북민 관련 다양한 이야기를 기존의 관성에 맞추어 정해 놓은 좁은 범주에 가두어 놓지 말고 한민족의 구성원이라면 누구나 함께 기억해야 할 역사적 기록으로 만들면 어떤 결과가 나올까? 만약 우리가 그동안 숨겨진 채 잘 드러나지도 않았던 탈북과 탈북민 이야기를 지금부터 함께 탐색하고 찾아내서 그 세밀한 이야기를 기세히 기록하고 기억해야 한 역사로 만들어 세상의 다른 사람들과 공유한다면 어떤 미래가 펼쳐진 것인가? 최근에 파친코라는 소설과 드라마가 지구촌 곳곳에 사는 사람들 사이에 놀라운 반향을 일으키는 현상을 지켜보면서 언젠가 탈북민이 경험한 이야기가 더 넓은 세상의 공감을 얻게 될 날을 상상하기 시작했다.

안타깝지만 이 책을 읽어주신 독자들 중에서도 지금까지 이런 문제와 관련하여 충분하게 생각했던 사람은 많지 않을 것이라는 느낌을 떨칠 수 없다. 그렇지만 이제부터 탈북 현상과 탈북민의 행적을 세상이 공감할 새로운 이야기로 만들어 낼 가능성을 찾아서 함께 상상의 날개를 펼쳐봐도 좋겠다는 생각이 든다.

문제는 구체적으로 어떻게 해야 과연 탈북을 우리의 역사로 만들어 가는 길이 될 것인가 모색하는 점이라 하겠다. 이제 제4부에서 이 책을 마무리하면서 아직도 부족하고 아쉬운 상태라도 몇 가지 제언을 정리해 보고자 한다.

첫째, 이 책에서 여러 차례 주장한 바 있지만 지금부터 탈북의 역사를 함께 기억하는 공동체의 역사로 기록하는 일을 시작하는 것이 중요하다고 생각한다. 탈북과 관련한 일을 단순히 탈북민의 행적을 기록하는 차원에서 벗어나서 대한민국의 공식적인 역사 자산으로 채록하고 서술하는 노력을 지금부터 당장 시작해야 한다는 뜻이다. 이런 일을 시작해야 하는 이유는 무엇보다 탈북민의 행적을 역사로 기록하는 것 자체가 중요한 의미를 지니기 때문이다. 기록해 놓지 않은 역사를 기억해 주는 사람이 많지 않다는 사실을 감안하면 당연히 지금부터 기록을 시작하는 것은 중요한 의미를 지닌다고 하겠다. 그런데 탈북민의 행적을 우리가 함께 기억해야 할 역사로 기록하는 것은 또 한 가지 중요한 의미를 지닌다. 바로 이 과정을 통해서 탈북민이 스스로 자신의 행위를 평가할 때 배신자와 변절자라는 자책의 굴레에서 벗어나는 길을 열어주는 효과를 탐색해 볼 수 있을 것 같기 때문이다. 당연히 어느 정도 큰 효과를 누릴 것인지 미리 장담할 수 없지만 적어도 이런 시도를 하는 것은 나름대로 큰 의미를 지닌다고 생각한다.

둘째, 탈북민의 행적을 우리가 함께 기억해야 하는 역사로 기록하려 한다면 탈북의 순간에 집중할 것이 아니라 이들의 생애 과정 전반을 촘촘한 이야기로 채록하는 노력을 시작해야 할 것이다. 이 말은 곧 탈북민이 북한에 거주하는 동안 어떻게 살아왔는지, 탈북한 이후에 어떤 경로를 거쳐서 최종 정착지로 안착했는지, 정착한 지역에서 어떻게 살아왔으며 또 현재의 시점에서 어떻게 살아가고 있는지 세밀하게 파악해서 일종의 사초 史草 같은 자료를 생산하는 일을 지속해야 한다는 뜻이다. 이런 일을 지속하려 한다면 일정한 수준의 비용과 인력을 계속 투입하는 것은 피할 수 없는 상황이다. 그런 만큼 우리 사회 내부에서 탈북을 우리가 함께 기억할 역사로 기록할 것인지 먼저 논의하는 순서는 필요하다 하겠다.

셋째, 탈북을 우리가 함께 기억하는 역사로 만들어 간다고 하더라도 굳이 탈북을 독려할 필요가 있는가 하는 문제도 생각해 볼 일이다. 한 걸음 더 나아가 탈북한 이후 중국에서 매매혼으로 혼인한 뒤 자녀를 출산한 채 비교적 평화롭게 지내는 여성 탈북민에게 굳이 한국행을 권유할 일인가 하는 점도 생각해 볼 필요가 있다. 만약 이들이 평온한 상태에서 일상생활을 유지할 수 있다면 굳이 목숨을 걸고 북한을 탈출하도록 권유하거나 나름대로 안전한 삶을 누리던 중국인 남편을 떠나 한국으로 이주하도록 독려할 일은 아닐 것이다.

문제는 오늘날 북한 주민 가운데 평온한 일상생활을 영위하는 사람이 얼마나 되는지 외부 세계에서 알 수 없는 일이며 중국인 남편과 살아가는 여성 탈북민의 삶이 어떤 상황인지 파악하기 어렵다는 점이라고 하겠다. 이런 상황에서 역사를 공유하는 우리가 구체적으로 해야 할 일은 무엇인지 함께 생각하고 탈북을 꿈꾸는 북한주민이나 이미 탈북의 길에 들어선 사람이 기본적인 인권을 향유하면서 조금이라도 더 편안한 삶을 누릴 수 있게 구체적인 방안을 찾아 실천하는 방법을 모색해 나가야 할 것이다.

그런 의미에서 오늘부터라도 대한민국과 국제사회는 중국 정부를 향해 탈북민의 난민 지위 인정은 하지 못하더라도 그들을 강제로 북송시키는 반인권적 행위는 당장 중지하도록 촉구하는 일부터 시작해야 할 것이라고 생각한다.

참고문헌

1. 한국어 자료

강일중 (2006), 「NYT, 탈북지원 獨 의사 폴러첸 박사 소개」, 『연합뉴스』 2006년 4월 2일

국립국어원 (1999), 『표준국어대사전』, 서울: 두산동아

권오혁·김호경·주성하 (2015) 「토요판 커버스토리: 철조망에 갇힌 보름달」, 『동아일보』 2015년 9월 26일

김미영 (2002), 「노르베르트 폴러첸은 누구?」, 『NK조선』 2002년 6월 23일

김병로 (1994), 『탈북자 발생 배경 분석』, 서울: 민족통일연구원

김석향 (2003), 『북한이탈주민의 언어생활에 나타나는 북한언어정책의 영향』, 서울: 통일부 국립통일교육원

김석향 (2012), 「북한 내 공적(公的)-사적(私的) 인권담론 분석」, 『사회과학연구논총』 제27권, pp. 243-273

김석향 (2021), 『탈북 북송재일동포의 세 토막 인생살이: 조센징, 째포 탈북민』, 서울: 도서출판 선인

김 혁 (2019), 「꽃제비의 어원에 관한 연구」, 『북한연구학회보』 23권 2호, pp. 355-379

도준호 (1994), 「탈북 현장 취재기: 북한체제 붕괴 서막이 보인다」, 『한국논단』 57권, pp. 86-92

사회과학출판사 (2007), 『조선말 대사전 (증보판)』, 평양: 평양인쇄종합공장

안윤석 (2021), 「북한, "겨울철 물고기잡이 실적 높여라" 독려」, 『SPN서울평양뉴스』 2021년 11월 5일

연합뉴스 TV (2017), 〈日 아키타·니가타 해안서 北 추정 어선·시신 또 발견〉 2017년 12월 7일

유강문 (2005), 「'반북활동' 폴러첸 비자만료 추방령」, 『한겨레』 2005년 5월 25일

유용원 (1998), 「[귀순 변상위] 판문점서 심리전 담당」, 『조선일보』 1998년 2월 4일

이시마루 지로 (2022), 「[특집] 북한 탈출: 그 발생과 현상(1) 김정은에 의한 소탕전으로 사라지는 탈북자」, 『아시아프레스』 2022년 7월 29일

이영종 (2016), 「[평양 Insights] '죽음의 물고기잡이'에 내몰린 北 어민」, 『시사저널』 1418호, 2016년 12월 20일

이영재 (2014), 「김정은 '물고기잡이' 독려...북한 수산자원 고갈 우려」, 『연합뉴스』 2014년 11월 30일

이영태 (2002), 「탈북자 돕는 폴러첸, '휴머니스트'인가 '괴짜'인가: 미발표 인터뷰 요지-워싱턴포스트 기사 전문」, 『프레시안』 2002년 5월 16일

이온죽 (1994), 「탈북 동포 수용의 제 문제」, 『북한학보』 18권, pp. 249-262

정원갑 (2013), 「몽골 대통령 만난 북한 지도부, 탈북 북방루트 차단 요청한 듯」, 『중앙일보』 2013년 10월 31일

주병철 (1998), 「북 장교 판문점 통해 첫 귀순/변용관 상위」, 『서울신문』 1998년 2월 4일자 23면

차란희 (2012), 『내 아들의 사랑이 남편을 죽였다.』 서울: 푸른향기

태영호 (2018), 『전 영국 주재 북한공사 태영호 증언: 3층 서기실의 암호』, 서울: 기파랑

황호택 (2003), 「탈북자 지원활동 벌이는 독일인 의사 노르베르트 폴러첸」, 『신동아』 2003년 9월호

나무위키 https://namu.wiki/w/%ED%83%88%EB%B6%81#s-5.3.1

법제처 www.law.go.kr

통일부 www.unikorea.go.kr

통일부 북한정보포털 https://nkinfo.unikorea.go.kr

BBC NEWS 코리아 (2018), 북한군 귀순: 1년 전 귀순 때와 무엇이 달라졌을까?

BBC NEWS 코리아 (2021), 북한인 월남: '노크 귀순'부터 '수영 귀순'까지... 어떻게 내려 왔나, 2021년 2월 17일

Voice of America (2007), 한국 내 40여 개 북한인권단체들 연합회 출범, 2007년 11월 13일

2 영어 자료

Kim, Seok Hyang (1993) *The Juche Ideology of North Korea: Socio-political Roots of Ideological Change*, University of Georgia
Lankov and Kim (2013), A New Face of North Korean Drug Use: Upsurge in Methamphetamine Abuse Across the Northern Areas of North Korea, *North Korean Review*, vol. 9, no. 1, pp. 45-60

3. 일본어 자료

日本經濟新聞 (2019), 漂着の木造船から複数遺体 新潟·佐渡島、北朝鮮か, 2019년 12월 28일
YAHOO (2020), 日本に漂着する北朝鮮漁船、遺骨——供養しているのは誰か, 2020년 2월 18일
新潟日報 (2022), 新潟西港の西突堤に身元不明遺体, 2022년 9월 7일